موسوعة
نساء حول النبي صلى الله عليه وسلم

تأليف
د. محمد القيسي

دار أسامة للنشر والتوزيع
عمان- الاردن

الناشر

دار أسامة للنشر و التوزيع

الأردن – عمان

هاتف : ٥٦٥٨٣٥٣ – فاكس : ٥٦٥٨٣٥٤ – تلفاكس : ٤٦٤٧٤٤٧

ص. ب : ١٤١٧٨١

رقم الإيداع لدى دائرة المكتبة الوطنية

(٧٦١ / ٤/ ٢٠٠٥)

٢١٠,٩٢

القيسي، محمد

موسوعة نساء حول النبي صلى الله عليه وسلم/ محمد القيسي-

عمان: دار أسامة للنشر، ٢٠٠٥.

(   ) ص .

ر.إ : (٧٦١ / ٤/ ٢٠٠٥).

الواصفات :/السيرة النبوية//المرأة المسلمة

تم إعداد بيانات الفهرسة و التصنيف الأولية من قبل دائرة المكتبة الوطنية

مقدمة

الحمد لله رب العالمين، والصلاة والسلام على أشرف الأنبياء والمرسلين، نبينا محمد وعلى آله وصحبه أجمعين...أما بعد:

فمعلوم لدى الجميع بأن الله تعالى أكرم هذه الأمة ببعثه المصطفى الحبيب صلى الله عليه وسلم، فقد جاء بالنور الرباني الذي أضاء به مشارق الأرض ومغاربها، وهذا النور يتمثل بكتاب الله تعالى، الذي من تمسك به كان له الفلاح والنجاح في الدنيا والآخرة، ومن تركه كان له الذل والهوان، ومن هنا يتضح لنا الفرق بين المجتمع الذي رباه الرسول صلى الله عليه وسلم في ظل شريعة القرآن وبين مجتمعنا المحلي البعيد عن هدي القرآن وأحكامه...ولذلك كان سابقا النصر والفلاح والنجاح. أما الآن فالذل والهزيمة والهوان.

واذا نظرنا لأي مجتمع في الوجود نجد بأنه يتكون من الرجال والنساء، ولكل دوره ومكانته الإنسانية والقيادية والاجتماعية....الخ وعلى هذا فإن المجتمع الذي كوّنه النبي صلى الله عليه وسلم كان مجتمعا مثاليا وساميا بمعنى الكلمة، فهو المربي الرباني الأول، والصحابة رباهم القرآن التربية الإيمانية الكاملة التامة، فأخلصوا لدينهم وأحبوا مربيهم، فكانت الإنجازات الباهرة في فترة محدودة وعلى جانب آخر برز لنا دور النساء والمساند لدور الرجال، إما أمهات أو زوجات أو بنات أو أخوات.....

تربوا على مائدة الرسول صلى الله عليه وسلمن وكانوا خير معين للصحابة الكرام في جميع المجالات: العلمية منها، والجهادية (القتالية)، والطبية...فظهرت الفقيهات منهن والمقاتلات والطبيبات...وعلى كافة الأصعدة، وتميزن برجاحة العقل وصواب الرأي، فهن بهذا يستحققنً بأن يكنً قدوة ساطعة عبر التاريخ لمن بعدهن.

فجاء هذا الكتاب، ليسلط الضوء على النساء الجليلات اللاتي ساندن الرسول صلى الله عليه وسلم وصحابته رضوان الله عليهم أجمعين، فجاءت هذه الدراسة ووسمتها باسم "موسوعة نساء حول النبي صلى الله عليه وسلم".

وقد تم تقسيم الكتاب إلى ثلاثة أبواب:

الباب الأول: عن زوجات النبي صلى الله عليه وسلم.

والباب الثاني: عن بنات النبي صلى الله عليه وسلم.

والباب الثالث: عن مجموعة من الصحابيات الكريمات، مرتبة ترتيبا هجائيا وقد ركزت على سرد الكثير من العبر والمواعظ المستفادة من الآيات الكريمة والأحاديث الشريفة، والقصص الصحيحة الواردة واستبعدت الموضوع والمكذوب منها.

وأسأل الله تعالى وأنا أقدم هذا الكتاب أن يكون له تأثيره المأمول في مجتمع الأسرة المسلمة، وفي نفوس فتيات الإسلام.

و الله من وراء القصد، ومنه التوفيق والسداد.

المؤلف

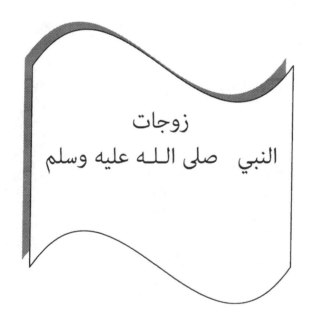

زوجات
النبي صلى اللـه عليه وسلم

1. خديجة بنت خويلد.
2. سَوْدة بنت زَمعْة.
3. عائشة بنت أبي بكر الصّديق.
4. حفصة بنت عمر بن الخطاب.
5. زينب بنت خزيمة الهلالية.
6. أُم سَلَمَة المخزوميّة.
7. زينب بنت جَحْش.
8. جُوَيْرِيَة بنت الحارث الخزاعية.
9. صَفيّة بنت حُيَيّ بن أخطب.
10. أُمّ حبيبة بنت أبي سفيان.
11. مارية القبطية.
12. مَيْمونة بنت الحارث الهلالية.

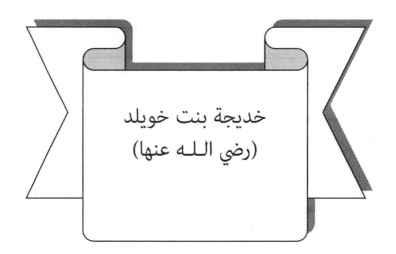

خديجة بنت خويلد
(رضي الله عنها)

* نسبها:

هي خديجة بنت خويلد بن أسد بن عبد العزى بن قُصَيّ، فهي اذن أسدية قرشية.

أما أمها فهي فاطمة بنت زائـدة بن الأصم، يتصل حبل نسبها بالشجرة النبوية المباركة.

* زواجها (قبل محمد عليه السلام):

كان لخديجة مكانة رفيعة في قومها، لصباحة وجهها، وجمال نفسها - إضافة إلى حسبها ونسبها - فتزوجها عتيق بن عابد، من بني مخزوم، فولدت له هنداً بنت عتيق، ومات عنها. فتزوجها بعده أبو هالة، مالك بن النباش بن زُرارة، الذي يتصل نسبه بعمرو بن تميم، حليف بني عبد الدار بن قصي. فولدت له: هنداً بنت أبي هالة، وهالة بنت أبي هالة، ولم يعش أبو هالة طويلاً، فترملت خديجة مرة ثانية، وتفرغت للتجارة، ولم تفكر في الزواج بعد موت أبي هالة.

* زواجها بمحمد صلى الـلـه عليه وسلم :

وكرّت السّنون وهي مشغولة بتجارتها؛ فقد كانت ترسل أموالها في تجارة إلى الشام. فتشتري ما يروق لها من أمتعة الهند واليمن وسائر الأمصار لتبيعها بالربح الجزيل.

وسمعت بمحمد بن عبد الـلـه، الذي لُقِّب بالأمين لصدقه وأمانته، فأرسلت اليه، وعرضت عليه امر المتاجرة باموالها، على ان تعطيه ضعف ما تعطي لغيره، فوافق على ذلك، وخرج من بيتها راضياً مطمئناً.

وحانت ساعة الرحيل، فانطلق الركب من مكة إلى الشام، وكان الجو حاراً ولكن شيئاً شدَّ المرافقين للامين وحيرهم اثناء سيرهم، ذلك ان غمامة كانت تظلله اينما سار، وحيثما اتجه، فتجعل طريقه وطريقهم بردا وسلاماً؛ فأعجب به أولئك الرجال ايما اعجاب وسحروا باخلاقه وصفاء نفسه، وكان فيهم ميْسرة مولى خديجة.

وبالقرب من بصرى الشام، استراح القوم من وعثاء السفر، فانتحـى محمد

الأمين ناحية، وجلس تحت ظل شجرة قريبة منهم، واخذ يجيل بصره فيما حوله متأملاً. اما مَيْسرة فذهب ليزور بعض معارفه في ذلك المكان. وفي الطريق قابل راهباً اسمه "نسطور[1]"، فسأله ذلك الراهب عن الشخص الجالس تحت ظل الشجرة، فقال:

- من قريش، من اهل الحرم.

فقال نسطور: ما نزل تحت هذه الشجرة قط الا نبي (اراد: ما نزل تحتها هذه الساعة الا نبي، ولم يقصد غير ذلك).

وهرول الراهب نحو النبي صلى الله عليه وسلم وهو يردد قوله:

- ليتني ادرك وقت نبوته.

وعندما اقترب منه تأمله طويلاً، ثم عاين النقطة التي بين كتفيه، وهي علامة النبوة، وعاد بعد ذلك إلى صومعته مسحوراً بما رأى.

عاد النبي عليه السلام، من رحلته تلك بربح كثير، لم تشهد خديجة ولا مولاها مثله، فازداد اعجابها به. وسرد ميسرة على خديجة قصة الغمامة التي كانت ترافقه، وحكى لها- كذلك - ما دار بينه وبين الراهب نسطور من حديث يبشر بنبوته.

وعرضت خديجة على محمد الأمين الزواج منها، عن طريق مولاتها نفيسة. زارت نفيسة محمداً، وقالت له:

- ما يمنعك أن تتزوج؟

فقال: لا أجد المال اللازم لذلك.

فقالت له: فإن كفيت، ودعيت إلى المال والجمال؟

فقال: ومن هذه؟

فقالت: خديجة بنت خويلد.

فتعجب محمد من ذلك، وظل ساكتا لا يجيب. فعادت نفيسة إلى مولاتها فرحة سعيدة، تحمل لها بشرى القبول.

---

(١) وليس (بحيرى) الذي قابله عندما كان برفقة عمه في رحلتهما إلى الشام. انظر السيرة النبوية لابن هشام، المجلد الاول. ص ١٩١ و ص ١٩٩

وجاء القوم من بني هاشم يوم الإملاك، وهو يوم العَقْد، وفيهم محمد بن عبد اللـه، فأصدق خديجة عشرين بَكْرة[1]. وتمّ الزواج. وكانت خديجة في الأربعين من عمرها. وكان محمد في الخامسة والعشرين.

* الزواج الميمون، وثمرته:

عهدت خديجة في محمد ادامة التفكير، وحب الخلوة، والبعد عن صخب الحياة وضوضائها، فهيأت له كل أسباب الراحة والهدوء. وكان هو يقدر لها ذلك فيُجِلُّها ويحترمها ايما احترام.

ومضت تلك الحياة الهانئة السعيدة، فقضى الزوجان المباركان خمسا وعشرين سنة، كانت مثالا رائعا في الصفاء والمودة، وكانت ثمرة هذا الزواج اربعة ذكور واربع اناث. وهم: القاسم والطيب والطاهر وعبد اللـه، وزينب ورقية وام كلثوم وفاطمة الزهراء.

فأما الأولاد الذكور، فهلكوا في الجاهلية.

وأما زينب فتزوجها أبو العاص بن الربيع بن عبد العزى بن عبد شمس بن مناف بن قصي. فولدت له علياً، وماتت زينب رضي اللـه عنـها سنـة ثمان من الهجرة.

وأما رقية فتزوجها عتبة بن أبي لهب، وطلقها قبل أن يدخل بها، فتزوجها عثمان بن عفان رضي اللـه عنه ، وهاجر بها إلى الحبشة، وولدت له هناك عبد اللـه، الذي مات بعدها وقد بلغ ست سنين.

وكانت رقية من أجمل النساء، أصابتها الحصبة وتوفيت بالمدينة المنورة، بعد معركة بدر[2].

وأما أم كلثوم، فتزوجها عُتيبة بن أبي لهب، وفارقها قبل أن يدخل بها، فتزوجها عثمان بن عفان رضي اللـه عنه، بعد موت رقية، فسمي- لذلك- بذي النورين.

---

(١) البكرة: الناقة الفتية.

(٢) كانت بدر في شهر رمضان، على رأس تسعة عشر شهراً من الهجرة.

تـزوجها في شهر ربيع الأول. ودخل بها في جمادى الآخرة، من السنة الثالثة، وماتت سنة تسع من الهجرة.

وأما فاطمة الزهراء، فتزوجها علي بن أبي طالب رضي الـلـه عنه، وكان ذلك في شهر رجب بعد الهجرة بخمسة اشهر، وبنى بها بعد عودته من بدر، وكانت- رضي الـلـه عنها- بنت خمس عشرة سنة، وقيل بنت ثماني عشرة سنة، فولدت له الحسن والحسين ومحسناً (الذي مات صغيراً)، وأم كلثوم وزينب. ثم ماتت بعد أبيها صلى الـلـه عليه وسلم بستة أشهر، فكانت وفاتها لثلاث خلون من شهر رمضان، سنة إحدى عشرة.

* الوحي:

عندما بلغ النبي صلى الـلـه عليه وسلم الأربعين من عمره، كان يرى الضوء والنور ويسمع النداء، ولا يرى احداً. ثم صار يرى الرؤيا الصالحة في النوم. وكان لا يرى رؤيا الا جاءت مثل فلق الصبح.

ولقد حُبِّبَ إلى محمد صلى الـلـه عليه وسلم الانفراد والخلوة، فكان يذهب إلى غار حراء ويطيل التأمل والتفكير.

وفي احد الايام جاءه جبريل- عليه السلام- برسالة من الخالق- عز وجل- فعاد إلى بيته مرتجفاً، وهو يقول:

- "زملوني، دثروني".

فزملته السيدة خديجة، ولازمته حتى فارقه الخوف. ثم قال لها: ان جبريل جاءه وهو نائم، بنمط[1] من ديباج فيه كتاب.

فقال له: اقرأ.

فقال له: ما انا بقارئ (أي: لا استطيع القراءة)، وكررها ثلاثاً، ثم قال له:

(اقْرَأْ بِاسْمِ رَبِّكَ الَّذِي خَلَقَ۝ خَلَقَ الْإِنْسَانَ مِنْ عَلَقٍ۝ اقْرَأْ وَرَبُّكَ الْأَكْرَمُ ۝الَّذِي عَلَّمَ بِالْقَلَمِ)

(العلق:١-٤)

---

(١) النمط: وعاء.

قال صلى الـلـه عليه وسلم : فقرأتها، ثم انتهى فانصرف عني، وهببت من نومي، فكأنما كُتبْت في قلبي كتابا. ثم بشرني جبريل بالرسالة[1].

انطلقت خديجة – بعد ذلك- إلى ابن عمها ورقة بن نوفل بن أسد بن عبد العزى بن قصي[2]، فروت له ما حدث لزوجها صلى الـلـه عليه وسلم فقال: قُدّوس قُدّوس[3]، والذي نفس ورقة بيده لئن كُنْتِ صَدَقْتني يا خديجة، لقد جاءه الناموس الأكبر[4] الذي كان يأتي موسى (عليه السلام). وإنه لنبي هذه الأمة، فَلْيَثْبُتْ...

ثم نزل عليه الوحي بقوله تعالى: " **(يَا أَيُّهَا الْمُدَّثِّرُ ۞ قُمْ فَأَنْذِرْ ۞ وَرَبَّكَ فَكَبِّرْ ۞وَثِيَابَكَ فَطَهِّرْ۞وَالرُّجْزَ فَاهْجُرْ ۞وَلا تَمْنُنْ تَسْتَكْثِرُ۞وَلِرَبِّكَ فَاصْبِرْ)** (المدثر:١).

بعد ذلك، اخبر زوجه بالامر السماوي قائلا: "انتهى يا خديجة عهد النوم والراحة، فقد امرني جبريل ان انذر الناس، وان ادعو إلى الـلـه والى عبادته، فمن ذا ادعو، ومن ذا يستجيب؟".[5]

ثم قام ينشد (ورقة بن نوفل) فما ان رآه ورقة حتى صاح قائلا:

"والذي نفس بيده، انك لنبي هذه الامة، وَلَتُكَذَبَنّ، ولَتُؤْذَيَنّ، ولَتُخْرَجَن، ولَتقَاتَلَنّ، ولئن انا أدركت ذلك اليوم لأنصرن الـلـه نصرا يعلمه".

ثم أدنى رأسه اليه فقبل يافوخه.

قال نبينا صلى الـلـه عليه وسلم : " أو مخرجي هم"؟.

اجاب ورقة: "نعم، لم يات رجل بمثل ما جئت به الا عودي، ليتني اكون فيها جذعاً..[6] ليتني أكون حيا".[7]

---

(١) انظر سيرة ابن هشام، المجلد الاول. ص ٢٥٣.

(٢) كان ورقة بن نوفل قد تنصر وقرأ الكتب وسمع من أهل التوراة والإنجيل

(٣) طاهر.

(٤) المقصود: الوحي.

(٥) نساء النبي. ص ٤٧.

(٦) الجذع: الشاب القوي. ص ٤٧.

(٧) السيرة النبوية، ص ٢٥٤.

* الدعوة السرية:

منذ ذلك الوقت بدأت الدعوة السرية، التي استمرت ثلاث سنوات؛ فأخذ يدعو أصدقاءه، واقرب الناس اليه، فكانت خديجة رضي اللـه عنها اول من آمن به من النساء، وابو بكر رضي اللـه عنه اول من آمن به من الرجال (وقد سمي الصديق لانه اول من صدق رسول اللـه صلى اللـه عليه وسلم عندما سرد له ما حدث له ليلة الإسراء والمعراج)، وكان علي بن ابي طالب رضي اللـه عنه، اول من آمن به من الاطفال..

ولقد لقي صلى اللـه عليه وسلم في دعوته الناس إلى الإسلام المصاعب والعقبات الكثيرة، وكان أشدهم عداء له عمه أبو لهب وامرأته، وقد نزل فيهما قرآن يتلى مدى الدهر:

(تَبَّتْ يَدَا أَبِي لَهَبٍ وَتَبَّ ۞مَا أَغْنَى عَنْهُ مَالُهُ وَمَا كَسَبَ ۞سَيَصْلَى نَاراً ذَاتَ لَهَبٍ ۞ وَامْرَأَتُهُ حَمَّالَةَ الْحَطَبِ ۞فِي جِيدِهَا حَبْلٌ مِنْ مَسَدٍ) (المسد:١-٤).

وكان عمه أبو طالب يدفع عنه الأذى، ويحميه من عدوان قريش، وكانت خديجة (رضي اللـه عنها) تخفف عنه ما يلقاه من المكاره والشرور.

وقد قضت قريش على بني هاشم وعبد المطلب الخروج من مكة، وحاصرتهم في شِعب ابي طالب، وسجلت مقاطعتها لهم في صحيفة عُلِّقت في جوف الكعبة.

وخرجت خديجة مع زوجها إلى الشعب المذكور، وامضوا جميعاً فترة عصيبة، امتدت إلى ثلاث سنوات، ثم فُكَّ الحصار عنهم، وعادوا إلى بيوتهم ومرتع صباهم.

* عام الحزن:

بعد نحو ستة اشهر من انتهاء الحصار الذي فرض على المسلمين في شعب ابي طالب، مات أبو طالب (عم النبي صلى اللـه عليه وسلم)، الذي كان يحميه من ائمة الكفر القرشيين.

فحزن عليه الرسول حزنا كثيراً، ولم يبق له بعد ذلك من يدافع عنه ويحميه، سوى رب العالمين، وهم نعم المدافع والمعين.

وبعد أبي طالب بثلاثة أيام توفيت السيدة خديجة، فشعر الرسول صلى اللـه عليه وسلم بأن حزنه

تضاعف، اذ فقد بموتها الحب والحنان والدعم النفسي، الذي كان يعينه على السير في طريق الدعوة الشائك. وسمي ذلك العام "عام الحزن".

ماتت خديجة بعد ان اخذ الاسلام ينتشر داخل شبه الجزيرة العربية وخارجها، حتى وصل إلى الحبشة، وكانت قد بلغت الخامسة والستين من عمرها، بعد ان عاشت مع الرسول صلى اللـه عليه وسلم خمسا وعشرين سنة، وانجبت له أولاده جميعاً، الا إبراهيم.

ولم يتزوج عليها صلى اللـه عليه وسلم في حياتها، وبقي لها في نفسه مكانه رفيعة؛ فقد بقي يذكرها ويذكر صديقاتها طول العمر.

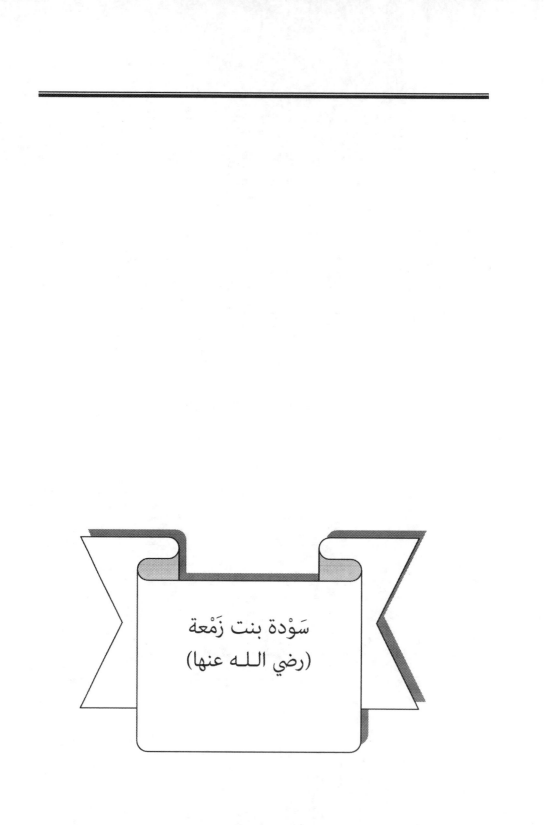

سَوْدة بنت زَمْعة
(رضي الله عنها)

* بعد وفاة الحبيبين:

قلنا ان الرسول صلى الله عليه وسلم حزن حزناً كثيراً على خديجة- رضي الله عنها- لأنها كانت تؤنسه، وتخفف من روعه، اول نزول الوحي عليه، وكانت- كذلك- تخفف من آلامه، عندما كانت قريش تعذبه وتؤذيه، ثم انها ام أولاده. فلا شك في انه شعر بالوحشة لفراقها.

وكان عمه أبو طالب قد مات قبلها بثلاثة ايام، فحزن عليه غاية الحزن؛ اذ كان يقف إلى جانبه، ليؤازره ويدافع عنه، فلم يستطع طواغيت الكفر الاقتراب منه في حياته. فلما توفي أبو طالب جهر المشركون بعداوتهم للرسول صلى الله عليه وسلم ، واطلقوا العنان لحقدهم الكامن، فأصبحت الاقامة في مكة على هذه الحال لا تطاق... فأوحى الله إلى رسوله صلى الله عليه وسلم بالهجرة إلى المدينة المنورة. فخرج ذات ليلة ومعه صاحبه أبو بكر الصديق رضي الله عنه، وترك ابن عمه عليا في فراشه؛ ليؤدي الودائع إلى اهلها، ثم يلحق باخوته المهاجرين إلى المدينة.

واجتمع المشركون في دار الندوة، واستقر رأيهم على ان يجمعوا من كل قبيلة واحدا، ثم ينقضوا عليه، فيقتلوه، فيتفرق دمه بين القبائل، وبذلك يتم التخلص من محمد ودعوته.. ولكن مؤامرتهم باءت بالاخفاق، فقد فوجئ القوم بعلي، فانصرفوا خائبين.

ونجا رسول الله صلى الله عليه وسلم وصاحبه أبو بكر من غدر المشركين، ووصلا إلى المدينة سالمين. واستقبل المسلمون نبيهم الكريم بالنشيد الخالد:

طلع البدر علينا — من ثنيات الوداع
وجب الشكر علينا — ما دعا لله داع
أيها المبعوث فينا — جئت بالامر المطاع
جئت شرفت المدينة — مرحبا يا خير داع

* نسب سودة:

هي سودة بنت زمعة بن قيس بن عبد شمس.. ينتهي نسبها إلى عامر بن لؤي بن غالب. فهي اذن عامرية قرشية، من قبيلة النبي الكريم صلى الله عليه وسلم . اما امها فهي الشموس بنت قيس ابن عمرو.. ينتهي نسبها إلى عدي بن النجار.

* هجرتها إلى الحبشة:

كانت سودة عند "السكران بن عمرو بن عبد شمس.. العامري القرشي"، وهو ابن عمها. اسلم السكران، وصحب النبي صلى الله عليه وسلم . وقد هاجر مع زوجته إلى ارض الحبشة، في الهجرة

الثانية، ثم رجع بها إلى مكة، ومات فيها[١].

* زواجها من النبي صلى الـلـه عليه وسلم :

في قصة الخِطْبة، قالت "خولة بنت حكيم".

- انطلقت إلى سودة (وابوها شيخ كبير) فحييته بتحية الجاهلية، قلت: انعم صباحا.

فقال: من انتِ؟

قالت: خولة بنت حكيم.

قالت: فرحب بي، وسألني عن سبب مجيئي.

قلت: محمد بن عبد الـلـه بن عبد المطلب، يذكر سودة بنت زمعة.

فقال: كُفُؤٌ كريم. ماذا تقول صاحبتك؟

قلت: تحب ذلك.

قال: فقولي له، فليأتِ.

قالت: فجاء رسول الـلـه صلى الـلـه عليه وسلم ، فملكها (تزوجها).

قالت: وقدم عبد بن زمعة، فجعل يحثو التراب على رأسه.

وقد قال، بعد ان اسلم: لعمرك، اني لسفيه يوم احثوا التراب على رأسي، ان تزوج رسول الـلـه صلى الـلـه عليه وسلم سودة[٢].

فلما قضت عدتها تزوجها الرسول صلى الـلـه عليه وسلم في شهر رمضان، في السنة العاشرة من النبوة. ولقد تزوجها النبي صلى الـلـه عليه وسلم بمكة، بعد موت خديجة- رضي الـلـه عنها بأيام، وهي اول امرأة تزوجها بعد خديجة، وبعد ان أوحي اليه[٣].

* " وهبت يومي لعائشة":

تزوج الرسول صلى الـلـه عليه وسلم عائشة بنت ابي بكر الصديق، بعد مرور شهر واحد من زواجه بسودة، وكان ذلك في المدينة المنورة. فاصبح للرسول صلى الـلـه عليه وسلم زوجتان؛ إحداهما كبيرة السن، ثَيِّب، والاخرى صغيرة السن، بكر، جميلة. ولا يرتاب احد في عدل الرسول صلى الـلـه عليه وسلم بين أزواجه.

---

(١) قيل انه مات بأرض الحبشة، وقيل مات بمكة قبل الهجرة إلى المدينة.

(٢) انظر كتاب نساء رسول صلى الـلـه عليه وسلم ، نقلا عن انساب الأشراف وغيره ص ٤٤.

(٣) تختلف المصادر فيمن تزوج صلى الـلـه عليه وسلم اولا: سوده ام عائشة؟ الا انها تجمع على انه صلى الـلـه عليه وسلم بنى بسودة في مكة قبل الهجرة، وبنى بعائشة في المدينة.

ولكن العدل المقصود هو في توزيع الليالي بينهن، وفي الانفاق عليهن، وفي الحكم بينهن، لو حدث خلاف... اما الحب فهو ميل انساني إلى إحداهن اكثر من الاخرى، وذلك امر فطري، لا يحاسب عليه الانسان.

جاء في كتاب نساء رسول اللـه صلى اللـه عليه وسلم [1]:

كانت سودة امرأة ثقيلة، واسنت عنده صلى اللـه عليه وسلم ، فَهمّ بطلاقها فقالت: لا تطلقني، وانت في حل من شأني، فاني اريد ان احشر بأزواجك، واني قد (وهبت يومي لعائشة)، رضي اللـه عنها، واني ما اريد ما تريد النساء. فأمسكها صلى اللـه عليه وسلم حتى توفي عنها. فليت من يجمع في بيته اكثر من زوجة، يقتدي برسولنا الكريم صلى اللـه عليه وسلم في الاستماع إلى الزوجة عندما تعبر عن رأيها، أو تبوح عما في نفسها..

وليت الضرائر يقتدين بأمهات المؤمنين، رضي اللـه عنهن. أليست السيدة سودة قدوة في اخلاقها وتصرفاتها لكثير من الضرائر المسنات اللائي يعكرن صفو الحياة الاسرية عندما تطالب إحداهن زوجها بأن يعاملها معاملة ضرّتها الفتية الجميلة؟

الا يخطر ببالها ان تتنازل عن بعض لياليها لضرتها الصغيرة؟ ان كثيرا من المشكلات التي تبدو مستعصية، وقد تؤدي في كثير من الاحيان إلى الطلاق، أو إلى تجهم الجو العائلي، يمكن حلها بسعة صدر الزوج، وبتنازل المرأة (ولا سيما المسنة) عن شيء من حقوقها عن طيب نفس. لقد بقيت السيدة سودة بنت زمعة في بيت الرسول صلى اللـه عليه وسلم حتى لحق بالرفيق الاعلى.

وتوفيت في اخر عهد عمر بن الخطاب، رضي اللـه عنه، وقيل بقيت إلى زمن معاوية بن ابي سفيان[2].

ولقد ظلت السيدة عائشة رضي اللـه عنها تذكر لها صنيعها، وتؤثرها بجميل الوفاء، فتقول:" ما من امرأة احب إلي من ان اكون في مِسْلاخها[3] من سودة بنت زمعة، لما كبرت قالت: يا رسول اللـه، قد جعلت يومي منك لعائشة" [4].

---

(١) كتاب نساء رسول اللـه صلى اللـه عليه وسلم ، ص ٤٤.

(٢) توفيت سنة ٥٥ هـ.

(٣) كلمة مدح.

(٤) نساء النبي، ص ٦٨، بنت الشاطئ (الحديث في صحيح مسلم: كتاب ١٧ ح ١٤٦٣)

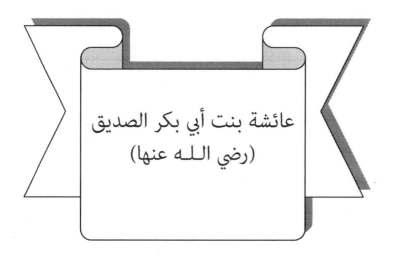

عائشة بنت أبي بكر الصديق
(رضي الله عنها)

* الهجرة:

وصل الرسول صلى الـلـه عليه وسلم إلى قرية (قباء) القريبة من المدينة المنورة، فبقي فيها بضعة ايام، يستريح من وعثاء السفر، واسس فيها مسجد قباء، وهو اول مسجد في تاريخ المسلمين.

وقد وفد عليه هناك الانصار الكرام، يهنئونه بسلامة الوصول اليهم، بعد ان امضى هو وصاحبه أبو بكر اياما عصيبة؛ اذ كانت قريش تبحث عنه صلى الـلـه عليه وسلم في كل مكان، وكان اصعب المواقف على الصديق رضي الـلـه عنه، عندما وقف المشركون على باب الغار[1]، فظن أبو بكر انهم أدركوهما، فقال للرسول صلى الـلـه عليه وسلم : لو نظر أحدهم إلى قدمه لرآنا، فرد عليه الرسول صلى الـلـه عليه وسلم قائلا: يا ابا بكر، ما ظنك باثنين الـلـه ثالثهما!؟ وقد صور القران الكريم ذلك بقوله تعالى:

(إِلاّ تَنْصُرُوهُ فَقَدْ نَصَرَهُ اللَّهُ إِذْ أَخْرَجَهُ الَّذِينَ كَفَرُوا ثَانِيَ اثْنَيْنِ إِذْ هُمَا فِي الْغَارِ إِذْ يَقُولُ لِصَاحِبِهِ لا تَحْزَنْ إِنَّ اللَّهَ مَعَنَا).(التوبة: من الآية٤٠). ثم ان الرسول صلى الـلـه عليه وسلم تحرك من قباء يوم الجمعة، ومعه مئة نفر من المسلمين، فأدركته الصلاة، فصلاها في بطن الوادي[2]. وكانت تلك اول جمعة صلاها بالمدينة، وختمها بخطبة بليغة، قال فيها، بعد ان حمد الـلـه واثنى عليه:

"ايها الناس: ان لكم معالم فانتهوا إلى معالمكم، وان لكم نهاية، فانتهوا إلى نهايتكم. ان المؤمن بين مخافتين؛ بين عاجل قد مضى لا يدري ما الـلـه صانع به، وبين آجل قد بقي لا يدري ما الـلـه قاض فيه. فليأخذ العبد من نفسه لنفسه، ومن دنياه لآخرته، ومن الشبيبة قبل الكبر، ومن الحياة قبل الموت، فوالذي نفس محمد بيده، ما بعد الموت من مستعتب، ولا بعد الدنيا من دار، الا الجنة أو النار".

ثم ركب ناقته القصواء يريد المدينة، فكان كلما مر بدار من دور الانصار اعترضوه، وامسكوا بزمام ناقته يقولون:

- هلم يا رسول الـلـه إلى القوة والمنعة.

فيقول لهم:

- خلوا سبيلها فإنها مأمورة.

---

(١) غار ثور، الذي يقع بين مكة والمدينة.

(٢) في (بني سالم بن عوف)، شهيرات ا لنساء، ص ٢٦.

وقد ارخى لها الرسول صلى الـلـه عليه وسلم زمامها، وهي تنظر يميناً وشمالاً، والناس حولها، حتى بركت على باب مسجده، ثم سارت حتى بركت على باب ابي ايوب الانصاري رضي الـلـه عنه، ثم التفتت يميناً وشمالاً، ثم ثارت وبركت في مبركها الاول، وألقت جرانها(١) بالارض، وارزمت(٢)، فنزل عنها صلى الـلـه عليه وسلم ، وقال:هذا المنزل ان شاء الـلـه تعالى.

فاحتمل أبو ايوب رحله، وادخله بيته. وكان قرب المنزل الذي نزل فيه الرسول الكريم، قطعة ارض فضاء، فَشَيدَّ عليها مسجداً، وابتنى فيه لنفسه غرفاً.

وفي المدينة المنورة آخى صلى الـلـه عليه وسلم بين المهاجرين والأنصار؛ فآوى الأنصار المهاجرين، وجعلوا لهم شطر أموالهم، وآثروهم بأقواتهم، وتلقوا المكاره دونهم، وصار الأنصاري ارأف بأخيه المهاجر، من اخيه في النسب.

ولا ننسى- ايضا- ان الرسول صلى الـلـه عليه وسلم اصلح ما بين الاوس والخزرج (الذين اطلق عليهم الرسول صلى الـلـه عليه وسلم الانصار)، فقد كان العداء بينهم مستحكماً، قبل الاسلام؛ وكان يهود المدينة هم السبب في ذلك العداء، وفي تصعيده بينهم، حتى غدا كل منهما يريد الايقاع بصاحبه، والقضاء عليه.

فهلاّ تنبه المسلمون- اليوم- إلى مؤامرات الدول الكبرى الصليبية، عليهم، بقصد اضعافهم، وابقائهم تبعا لهم، (**وَيَمْكُرُونَ وَيَمْكُرُ اللَّهُ وَ اللَّهُ خَيْرُ الْمَاكِرِينَ**)(الأنفال: من الآية٣٠).

* نسب عائشة:

وهي ام عبد الـلـه، عائشة بنت ابي بكر، عبد الـلـه بن ابي قحافة. ينتهي نسبها إلى تَيَم بن مرة بن كعب بن لؤي. فهي تيمية قرشية.

اما امها فهي ام رومان بنت عامر بن عويمر، وقيل بنت عمير بن عامر، من بني دهمان بن الحارث بن غالب بن مالك بن كنانة.

* خطبتها:

وكانت عائشة، رضي الـلـه عنها، تذكر لجبير بن مطعم، وتُسمّى له، فسلّها منه أبو

(١) ألقت جرانها: المقصود؛ ثبتت واستقرت.
(٢) ارزمت: صوتت (أي: حدثت صوتا).

بكر رضي الله عنه [١].

تزوجها رسول الله (أي عقد عليها) بمكة في شوال سنة عشر من النبوة، قبل الهجرة بثلاث سنين، وهي بنت ست سنين أو سبع.

وقد سعت (خولة بنت حكيم) للرسول صلى الله عليه وسلم في تزويجها له، في الوقت الذي خطبت له فيه سودة بنت زمعة، وكان ذلك في مكة، قبل الهجرة.

* زفافها:

قالت السيدة عائشة- رضي الله عنها- تصف حفل زفافها:

" تزوجني النبي صلى الله عليه وسلم ، فأتتني امي، واني لفي ارجوحة، ومعي صواحب لي، فأتيتها لا ادري ما تريد مني، فأخذت بيدي، فأوقفتني على باب الدار، فاذا نسوة من الأنصار في البيت، فقلن: على الخير والبركة، على خير طائر.

فأسلمتني إليهن، فأصلحن من شأني، فلم يَرعَني [٢] الا رسول الله صلى الله عليه وسلم ، ضحى، فاسلمتني اليه، وانا يومئذ بنت تسع سنين" [٣]. وكان ذلك في شوال على رأس ثمانية اشهر من مهاجرته، عليه السلام، وكان صداقها خمس مئة درهم.

* صفتها وبيتها:

وكانت عائشة، رضي الله عنها، عروسا جميلة، خفيفة الجسم، ذات عينين واسعتين، وشعر جعد، ووجه مشرق، مشرب بحمرة. وقد انتقلت إلى بيتها الجديد، وما كان هذا البيت سوى حجرة من الحجرات التي شُيّدت حول المسجد، من اللَّبِن وسعف النخيل، وضع فيه فراش من أدم، حشوه ليف، ليس بينه وبين الارض الا الحصير. وعلى فتحة الباب أُسدل ستار من الشعر [٤].

---

(١) بعد ان طلب الرسول عائشة، رضي الله عنها، ذهب أبو بكر، إلى المطعم بن عدي، وفاتحه بموضوع خطبة عائشة لابنه جبير، فصارحه المطعم بخوفه من دخول ابنه في الاسلام، فتركه الصديق وانصرف عائدا إلى بيته، وقد اعطى خولة بنت حكيم الموافقة على تزويجها للرسول صلى الله عليه وسلم .

(٢) أي انها فوجئت بالرسول صلى الله عليه وسلم فشعرت بالخوف.

(٣) روى هذا الحديث البخاري ومسلم وابو داود وفيه معان كثيرة، منها استحباب الدعاء بالخير والبركة لكل من الزوجين، وفيه استحباب تنظيف العروس وزينتها لزوجها واجتماع النساء لذلك، وفيه جواز الزفاف نهاراً.

(٤) انظر الحديثين ٢٠٨٢، ٢٤٣٨ في صحيح مسلم.

* منزلة عائشة:

كان الرسول صلى الله عليه وسلم يحب عائشة رضي الله عنها، كثيرا؛ فكانت لها مكانة سامية في قلبه، لكونها جميلة، لبيبة، فطنة، شاعرة، خطيبة، فقيهة...

قال لها الرسول عليه السلام ذات مرة، وهو جالس عندها، ما معناه:

- انني اعلم وقت غضبك مني، حيث تقولين اذ تحلفين:"ورب ابراهيم"، اما اذا كنت راضية عني فتحلفين قائلة:"ورب محمد".

- انني يا رسول الله، اذا غضبت اغفلت اسمك، فأما حبي لك فلا يتغير.

وكان النبي صلى الله عليه وسلم يقضي اكثر أوقاته بجانب زوجته عائشة، وكان الناس- أملاً في الحصول على رضا الرسول الكريم- يتحرون بهداياهم يوم عائشة.

وكان الوحي ينزل عليه صلى الله عليه وسلم ، وهو بجانبها، فلذلك كانت السيدة عائشة تشاركه في تأثراته النبوية، اذ كانت واقفة على دقائق احواله وحركاته، وكل شأن من شؤونه.

ولقد شكت زوجات النبي صلى الله عليه وسلم من تحري المسلمين يوم عائشة لهداياهم، فاجتمعن إلى ام سلمة، وحمّلنها رسالة شفوية للنبي صلى الله عليه وسلم بذلك.

فقال لها صلى الله عليه وسلم : " لا تؤذينني في عائشة، فانه و الله ما نزل علي الوحي وانا في لحاف امرأة منكن غيرها".

ثم ان ام سلمة توسلت بفاطمة الزهراء لتحدث والدها الكريم صلى الله عليه وسلم بذلك. فسألها النبي صلى الله عليه وسلم :

-هل تحبين من احبه؟

قالت: نعم

فقال لها صلى الله عليه وسلم : اذن احبي عائشة.

افتتن الرسول صلى الله عليه وسلم بخصال عائشة الرائعة، فتعلق قلبه الطاهر بحبها، حتى كان انس بن مالك، يقول:" اول حب ظهر في الاسلام، حب الرسول صلى الله عليه وسلم وام المؤمنين عائشة"[١].

وكانت عائشة، رضي الله عنها، تتباهى بهذا الحب، فتقول: "فضلت على نساء الرسول صلى الله عليه وسلم بعشر"[٢]:

_____

(١) شهيرات النساء. ص ٤٠ نساء النبي صلى الله عليه وسلم ص ١٠٩.

(٢) الطبقات ج٨، ص ٨٣.

ذكرت مجيء جبريل بصورتها(جاء جبريل على رسول اللـه صلى اللـه عليه وسلم بصورتها من السماء في حريرة، وقال: تزوجها فإنها (امرأتك)، ثم قالت: ولم ينكح بكراً غيري، ولم تنكح امرأة منهن ابواها مهاجران غيري، وانزل اللـه براءتي من السماء، وكان ينزل عليه الوحي وهو معي، وكنت اغتسل انا وهو من اناء واحد، وكان يصلي وانا معترضة بين يديه، وقبض بين سَحْري ونحري في بيتي، وفي ليلتي، ودفن في بيتي".

* الغيرة:

برغم المنزلة الرفيعة التي احتلتها السيدة عائشة، رضي اللـه عنها من قلب سيد الخلق محمد، صلى اللـه عليه وسلم ، فإنها كانت تقف حائرة مشغولة البال، امام ذلك الحب العميق الذي كان يكنه الرسول الكريم صلى اللـه عليه وسلم لزوجته خديجة، رضي اللـه عنها، التي توفيت في مكة قبل الهجرة، بعد ان استأثرت بعواطفه صلى اللـه عليه وسلم نحو ربع قرن، وانجبت له أولاده كلهم (ما عدا ابراهيم)، وبناته كلهن.

فقد كانت تقول:

- "ما غرت من امرأة ما غرت من خديجة[1]، من كثرة ذكر رسول اللـه صلى اللـه عليه وسلم اياها".

وفي احد الايام، استأذنت (هالة بنت خويلد) اخت خديجة على رسول اللـه صلى اللـه عليه وسلم ، فعرف، فارتاح لها، وقال عليه السلام:"اللهم هالة بنت خويلد".

فقالت عائشة رضي اللـه عنها:

- وما تذكر من عجوز من عجائز قريش، حمراء الشدقين، هلكت في الدهر، فأبدلك اللـه خيرا منها.

فقال صلى اللـه عليه وسلم :

- " وما ابدلني اللـه خيراً منها. آمنت بي اذ كفر بي الناس، وصدقتني اذ كذبني الناس، وواستني بمالها اذ حرمني الناس، ورزقني اللـه اولادها، وحرمني اولاد الناس"[2].

---

(١) ما غرت... ما غرت: (ما) الاولى نافية، و (ما) الثانية مصدرية، أي: ما شعرت بالغيرة من امرأة من نساء النبي صلى اللـه عليه وسلم كما شعرت بها من خديجة. الإصابة ج٤، ص ٣٩١.

(٢) رواه مسلم واحمد.

وقد كانت السيدة عائشة تغار على الرسول صلى الله عليه وسلم من فرط حبها له؛ فقد خرج من عندها ليلا، فغارت، لأنها ظنت انه عليه السلام، ذاهب إلى زوجة اخرى، فأدرك النبي صلى الله عليه وسلم ذلك، وقال لها:

- مالك يا عائشة؟ أغرت؟

فقالت، رضي الله عنها:

- ولم لا يغار مثلي على مثلك؟

فقال النبي صلى الله عليه وسلم:

أفأخذك شيطانك "؟

فقالت، رضي الله عنها:

- أو معي شيطان؟

فقال عليه السلام:

- نعم.

فقالت:

ومع كل إنسان؟

قال صلى الله عليه وسلم:

- "نعم".

فقالت:

- ومعك يا رسول الله.

فقال عليه السلام:

- "نعم". ولكن ربي عز وجل أعانني عليه حتى أسلم.

* محنة الإفك:

المرجفون والمنافقون موجودون في كل زمان ومكان، حتى في صدر الدعوة الاسلامية، ايام النبي المصطفى صلى الله عليه وسلم .. وهؤلاء المنافقون يحاربون الاسلام من الداخل، محاولين زعزعته واضعافه، ولكن هيهات لهم ذلك، فإن الله يظهر كذبهم، ويكشف مؤامراتهم، ويبرئ عباده المتقين.

ولقد ألصق هؤلاء المنافقون تهمة شنيعة بالسيدة عائشة، رضي الله عنها. وفيما يلي نص حديث الافك[1]:

* خبر الافك في غزوة بني المصطلق(سنة ست)

قال ابن اسحق:

" حدثنا الزهري عن علقمة بن وقاص، وعن سعيد بن جبير، وعن عروة بن الزبير، وعن عبيد الله بن عبد الله بن عتبة، قال: كل قد حدثني بعض هذا الحديث، وبعض القوم كان اوعى له من بعض، وقد جمعت لك الذي حدثني القوم.

قال محمد بن اسحق: وحدثني يحيى بن عباد بن عبد الله بن الزبير، عن أبيه عن عائشة، وعبد الله بن أبي بكر عن عمرة بنت عبد الرحمن عن عائشة عن نفسها، حين قال فيها أهل الإفك ما قالوا، فكل قد دخل في حديثها من هؤلاء جميعاً، يحدث بعضهم ما لم يحدث صاحبه، وكل كان على ثقة، فكلهم حدث عنها ما سمع.

قالت: "كان رسول الله صلى الله عليه وسلم اذا اراد سفرا أقرع بين نسائه، فأيتهن خرج سهمها خرج بها معه؛ فلما كانت غزوة بني المصطلق، أقرع بين نسائه، كما كان يصنع، فخرج سهمي عليهن معه، فخرج بي رسول الله صلى الله عليه وسلم .

قالت: وكان النساء اذ ذاك إنما يأكلن العلق[2]، لم يهجهن اللحم فيثقلن، وكنت إذا رحل لي بعيري جلست في هودجي، ثم يأتي القوم الذين يرحلون لي ويحملونني فيأخذون بأسفل الهودج فيرفعونه، فيضعونه على ظهر البعير، فيشدونه بحباله، ثم يأخذون برأس البعير، فينطلقون به، قالت: فلما فرغ رسول الله صلى الله عليه وسلم من سفره ذلك، وجّه قافلا، حتى اذا كان قريباً من المدينة نزل منزلاً، فبات به بعض الليل، ثم أذن في الناس بالرحيل، فارتحل الناس، وخرجت لبعض حاجتي، وفي عنقي عقد لي فيه جزع ظفار، فلما فرغت أنسلّ من عنقي ولا أدري، فلما رجعت الى الرحل، ذهبت ألتمسه في عنقي، فلم أجده، وقد اخذ الناس في الرحيل، فرجعت إلى مكاني الذي ذهبت إليه

(١) من سيرة ابن هشام ج٣ ص ٣٠٩ وما بعدها. والحديث موجود في صحيح مسلم ج٤ ص ٢١٢٩، رقمه: (٢٧٧٠).

(٢) جمع علقة، وهي ما فيه بلغة من الطعام إلى وقت الغداء.

فالتمسته حتى وجدته، وجاء القوم خلافي، الذين كانوا يرحلون لي البعير، وقد فرغوا من رحلته، فأخذوا الهودج وهم يظنون أني فيه، ثم اخذوا برأس البعير فانطلقوا به؛ فرجعت الى العسكر وما فيه من داعٍ ولا مجيب، قد انطلق الناس.

قالت: فتلففت بجلبابي، ثم اضطجعت في مكاني، وعرفت ان لو قد افتقدت لرجع إلي: قالت: فو اللـه إني لمضطجعة إذ مر بي صفوان بن المعطل السلمي، وقد كان تخلف عن العسكر لبعض حاجته[١]، فلم يبت مع الناس، فرأى سوادي، فأقبل حتى وقف عليه، وقد كان يراني قبل أن يضرب علينا الحجاب، فلما رآني، قال: إنا لله وانا اليه راجعون، ظعينة رسول اللـه صلى اللـه عليه وسلم ! وأنا متلففة بثيابي، قال: ما خلفك يرحمك اللـه؟ قالت: فما كلمته، ثم قرب البعير، فانطلق سريعا يطلب الناس، فو اللـه ما أدركنا الناس، وما التقدت حتى أصبحت، ونزل الناس، فلما اطمأنوا طلع الرجل يقود بي: فقال أهل الإفك ما قالوا، فارتجع[٢] العسكر، ووالله ما أعلم بشيء من ذلك.

ثم قدمنا المدينة، فلم ألبث أن اشتكيت شكوى شديدة، ولا يبلغني من ذلك شيء، وقد انتهى الحديث إلى رسول اللـه صلى اللـه عليه وسلم والى أبوي، لا يذكرون لي منه قليلاً ولا كثيراً، إلا أني قد أنكرت من رسول اللـه صلى اللـه عليه وسلم بعض لطفه بي، فلم يفعل ذلك في شكواي تلك، فأنكرت ذلك منه، وكان اذا دخل علي وعندي أمي تمرضني، قال ابن هشام: وهي أم رومان واسمها زينب بنت عبد دهمان، أحد بني فراس بن غنم بن مالك بن كنانه، قال: كيف تيكم، لا يزيد على ذلك قال ابن اسحق: قالت: حتى وجدت[٣] في نفسي، فقلت يا رسول اللـه حين رأيت ما رأيت من جفائه لي: لو أذنت لي، فانتقلت الى أمي، فمرضتني؟ قال:لا عليك. قالت: فانتقلت إلى امي، ولا أعلم لي بشيء مما كان، حتى نقهت من وجعي بعد بضع وعشرين ليلة، وكنا قوما عربا، لا نتخذ في بيوتنا هذه الكنف التي تتخذها الأعاجم، نعافها ونكرهها، إنما كنا نذهب في فسح المدينة، وإنما كانت النساء يخرجن كل ليلة في حوائجهن، فخرجت ليلة لبعض حاجتي ومعي أم

(١) كان صفوان على ساقة العسكر يلتقط من متاع المسلمين. حتى يأتيهم به، ولذلك تخلف.
(٢) تحرك واضطرب، وفي بعض النسخ: ارتج.
(٣) حزنت.

مسطح بنت أبي رهم بن المطلب بن عبد مناف، وكانت امها بنت صخر بن عامر بن كعب بن سعد بن تيم، خالة ابي بكر الصديق رضي الـلـه عنه؛ قالت: فو الـلـه إنها لتمشي معي اذ عثرت في مرطها[1]؛ فقالت: تعس مسطح! ومسطح لقب، واسمه عوف، قالت: قلت: بئس لعمر الـلـه ما قلت لرجل من المهاجرين قد شهد بدراً، قالت: نعم و الـلـه، لقد كان. قالت: فو الـلـه ما قدرت على ان أقضي حاجتي، ورجعت؛ فو الـلـه ما زلت ابكي حتى ظننت أن البكاء سيصدع[2] كبدي؛ قالت: وقلت لأمي: يغفر الـلـه لك، تحدث الناس بما تحدثوا به، ولا تذكرين لي من ذلك شيئاً! قالت: أي بنية، خفضي[3] عليك الشأن، فو الـلـه لقلما كانت امرأة حسناء عند رجل يحبها لها ضرائر إلا كثرن وكثر الناس عليها.

قالت: وقد قام رسول الـلـه صلى الـلـه عليه وسلم في الناس يخطبهم ولا اعلم بذلك، فحمد الـلـه وأثنى عليه، ثم قال: أيها الناس، ما بال رجال يؤذونني في أهلي، ويقولون عليهم غير الحق، و الـلـه ما علمت منهم إلا خيراً، ويقولون ذلك لرجل و الـلـه ما علمت منه إلا خيراً، وما يدخل بيتاً من بيوتي إلا وهو معي. قالت: وكان كُبْرُ[4] ذلك عند عبد الـلـه بن أبي سَلول في رجال الخزرج، مع الذي قال مسطح وحمنة بنت جحش، وذلك أن أختها زينب بنت جحش كانت عند رسول الـلـه صلى الـلـه عليه وسلم ، ولم تكن من نسائه امرأة تناصيني[5] في المنزلة عنده غيرها، فأما زينب فعصمها الـلـه تعالى بدينها، فلم تقل إلا خيراً، وأما حمنة بنت جحش فأشاعت من ذلك ما أشاعت، تضادني لأختها، فشقيت بذلك.

فلما قال رسول الـلـه صلى الـلـه عليه وسلم تلك المقالة، قال أسيد بن حُضير: يا رسول الـلـه، إن يكونوا من الأوس نكفهم، وإن يكونوا من اخواننا من الخزرج فمرنا بأمرك، فو الـلـه إنهم لأهل ان تضرب أعناقهم: قالت فقام سعد بن عبادة، وكان قبل ذلك يرى رجلا صالحا؛ فقال: كذبت لعمر الـلـه، لا نضرب أعناقهم، أما و الـلـه ما قلت هذه المقالة إلا انك قد

---

(١) كسائها.

(٢) سيشقه.

(٣) هوني.

(٤) الكبر: بضم الكاف وكسرها: الاثم، ومعظم الشيء.

(٥) من المناصاة وهي المساواة.

عرفت أنهم من الخزرج، ولو كانوا من قومك ما قلت هذا فقال اسيد كذبت لعمر اللـه ولكنك منافق تجادل عن المنافقين! قالت: وتساور[1] الناس، حتى كان يكون بين هذين الحيين من الأوس والخزرج شر، ونزل رسول اللـه صلى اللـه عليه وسلم فدخل عليّ.

قالت: فدعا علي بن أبي طالب وأسامة بن زيد، فاستشارهما فأما أسامة فأثنى علي خيرا؛ ثم قال: يا رسول اللـه، أهلك ولا تعلم منهم إلا خيراً، وهذا الكذب والباطل؛ وأما علي فإنه قال: يا رسول اللـه، إن النساء لكثير، وإنك لقادر على ان تستخلف، وسل الجارية، فإنها ستصدقك، فدعا رسول اللـه صلى اللـه عليه وسلم بريرة ليسألها، قالت فقام إليها علي بن أبي طالب، فضربها ضرباً شديداً، ويقول: أصدقي رسول اللـه صلى اللـه عليه وسلم قالت: فتقول: و اللـه ما أعلم إلا خيراً، وما كنت أعيب على عائشة، إلا أني كنت اعجن عجيني، فآمرها ان تحفظه، فتنام عنه، فتأتي الشاة فتأكله، قالت: ثم دخل علي رسول اللـه صلى اللـه عليه وسلم وعندي ابواي، وعندي امرأة من الأنصار، وأنا أبكي، وهي تبكي معي، فجلس، فحمد اللـه، واثنى عليه، ثم قال: يا عائشة: إنه قد كان ما قد بلغك من قول الناس، فاتقي اللـه وإن كنت قد قارفت سوءاً[2]، مما يقول الناس، فتوبي الى اللـه، فإن اللـه يقبل التوبة عن عباده، قالت: فو اللـه ما هو إلا أن قال لي ذلك، فقلص[3] دمعي، حتى ما أحس منه شيئاً، وانتظرت أبواي أن يجيبا عني رسول اللـه صلى اللـه عليه وسلم ، فلم يتكلما! قالت: وايم اللـه لانا كنت احقر في نفسي، وأصغر شأناً من أن ينزل اللـه فيّ قرآناً يقرأ به في المساجد، ويصلى به، ولكني كنت أرجو أن يرى رسول اللـه صلى اللـه عليه وسلم في نومه شيئاً يكذب به اللـه عني، لما يعلم من براءتي، أو يخبر خبرا؛ فأما قرآن ينزل فيّ، فو اللـه لنفسي كانت أحقر عندي من ذلك. قالت: فلما لم أرَ أبوي يتكلمان، قالت: قلت لهما: ألا تجيبان رسول اللـه صلى اللـه عليه وسلم ؟ قالت: فقالا: و اللـه ما ندري بماذا نجيبه؛ قالت: ووالله ما أعلم أهل بيت دخل عليهم ما دخل على آل أبي بكر في تلك الأيام، قالت: فلما أن استعجما عليّ استعبرت فبكيت، ثم قلت: و اللـه لا أتوب إلى اللـه ما ذكرت ابدا، و اللـه إني لأعلم لئن أقررت بما يقول الناس، و اللـه يعلم أني منه بريئة،

---

(١) قام بعضهم إلى بعض، وفي بعض النسخ: تثاور الناس.

(٢) دخلت فيه.

(٣) ارتفع.

لاقولن ما لم يكن، ولئن أنا أنكرت ما يقولون لا تصدقوني. قالت: ثم التمست اسم يعقوب فما اذكره؛ فقلت: ولكن سأقول كما قال أبو يوسف: (**فَصَبْرٌ جَمِيلٌ وَاللَّهُ الْمُسْتَعَانُ عَلَى مَا تَصِفُونَ**)(يوسف: من الآية١٨). قالت: فو الله ما برح رسول الله صلى الله عليه وسلم مجلسه، حتى تغشاه من الله ما كان يتغشاه، فسجي بثوبه، ووضعت له وسادة من أدم تحت رأسه فأما أنا حين رأيت من ذلك ما رأيت، فو الله ما فزعت ولا باليت، قد عرفت أني بريئة؛ وأن الله عز وجل غير ظالمي، وأما أبواي، فوالذي نفس عائشة بيده، ما سُرِّي عن رسول الله صلى الله عليه وسلم ، حتى ظننت لتخرجن أنفسهما، فرقاً[1] من أن يأتي من الله تحقيق ما قال الناس؛ قالت: ثم سري عن رسول الله صلى الله عليه وسلم فجلس، وإنه ليتحدر منه مثل الجُمان[2] في يوم شات، فجعل يمسح العرق عن جبينه، ويقول: ابشرى يا عائشة فقد أنزل الله براءتك، قلت: بحمد الله ثم خرج الى الناس، فخطبهم، وتلا عليهم ما أنزل الله عليه من القرآن في ذلك ثم أمر بمسطح بن أثاثة، وحسان بن ثابت وحمنة بنت جحش، وكانوا من افصح بالفاحشة، فضربوا حدهم.

قال ابن اسحق: وحدثني ابي اسحق بن يسار عن بعض رجال بني النجار:

أن أبا أيوب خالد بن زيد، قالت له امرأته، أم أيوب: يا أبا أيوب ألا تسمع ما يقول الناس في عائشة؟ قال: بلى وذلك الكذب، أكنت يا أم أيوب فاعلة؟

قالت: لا و الله ما كنت لأفعله، قال: فعائشة و الله خير منك.

قالت: فلما نزل القرآن بذكر من قال من أهل الفاحشة ما قال من اهل الافك. فقال تعالى (**إِنَّ الَّذِينَ جَاءُوا بِالْأِفْكِ عُصْبَةٌ مِنْكُمْ لا تَحْسَبُوهُ شَرّاً لَكُمْ بَلْ هُوَ خَيْرٌ لَكُمْ لِكُلِّ امْرِئٍ مِنْهُمْ مَا اكْتَسَبَ مِنَ الْأِثْمِ وَالَّذِي تَوَلَّى كِبْرَهُ مِنْهُمْ لَهُ عَذَابٌ عَظِيمٌ**)(النور:١١) وذلك حسان بن ثابت وأصحابه الذين قالوا ما قالوا.

قال ابن هشام: ويقال: ذلك عبد الله بن أُبّي وأصحابه.

---

(١) خوفاً.

(٢) حب من فضة يصنع مثل الدر.

قال ابن هشام: والذي تولى كبره عبد الـلـه بن أبي، وقد ذكر ذلك ابن اسحق في هذا الحديث قبل هذا، ثم قال تعالى (**لَوْلا إِذْ سَمِعْتُمُوهُ ظَنَّ الْمُؤْمِنُونَ وَالْمُؤْمِنَاتُ بِأَنْفُسِهِمْ خَيْراً**) (النور:١٢). أي فقالوا كما قال أبو أيوب وصاحبته، ثم قال:(**إِذْ تَلَقَّوْنَهُ بِأَلْسِنَتِكُمْ وَتَقُولُونَ بِأَفْوَاهِكُمْ مَا لَيْسَ لَكُمْ بِهِ عِلْمٌ وَتَحْسَبُونَهُ هَيِّناً وَهُوَ عِنْدَ اللَّهِ ظِيمٌ**) (النور:١٥).

فلما نزل هذا في عائشة، وفيمن قال لها ما قال، قال أبو بكر، وكان ينفق على مسطح لقرابته وحاجته: و الـلـه لا أنفق على مسطح شيئاً أبداً، ولا انفعه بنفع أبداً بعد الذي قال لعائشة، وأدخل علينا ؛ قالت: فأنزل الـلـه في ذلك (**وَلا يَأْتَلِ أُولُو الْفَضْلِ مِنْكُمْ وَالسَّعَةِ أَنْ يُؤْتُوا أُولِي الْقُرْبَى وَالْمَسَاكِينَ وَالْمُهَاجِرِينَ فِي سَبِيلِ اللَّهِ وَلْيَعْفُوا وَلْيَصْفَحُوا أَلا تُحِبُّونَ أَنْ يَغْفِرَ اللَّهُ لَكُمْ وَاللَّهُ غَفُورٌ رَحِيمٌ**) (النور:٢٢)

قال ابن اسحق: قالت: فقال أبو بكر: بلى و الـلـه، إني لأحب أن يغفر الـلـه لي، فرجع إلى مسطح نفقته التي كان ينفق عليه، وقال و الـلـه لا أنزعها منه أبداً.

* علم عائشة وفضلها:

عندما توفي رسول الـلـه صلى الـلـه عليه وسلم كانت أم المؤمنين عائشة، رضي الـلـه عنها، في الثامنة عشرة من عمرها؛ فقد عاشت مع النبي الكريم تسع سنوات وخمسة اشهر.

كانت رضي الـلـه عنها، على جانب كبير من الذكاء، تلم بمسائل كثيرة من الفقه، ولها دراية جيدة بالشعر، وبشيء من الطب، وانساب العرب(كوالدها الصديق رضي الـلـه عنه).

ولا غرو في تبحرها بالفقه، فقد عاشت مع الرسول صلى الـلـه عليه وسلم فترة ليست بالقصيرة، كانت خلالها تسمع منه، وتحدث عنه.

وقال عنها عطاء بن ابي رباح:" كانت عائشة افقه الناس، واعلم الناس، واحسن الناس رأيا في العامة".

وقال عنها عروة:" ما رأيت احدا اعلم بفقه ولا بطب ولا بشعر من عائشة".

وقد بلغ عدد الأحاديث التي روتها السيدة عائشة ألفين ومئتين وعشرة احاديث، منها اربعة وخمسون حديثا رواها البخاري.

اما فصاحتها فيشهد لها معاوية بها، بقوله:" لم اسمع خطيباً ابلغ ولا افصح من عائشة".

وأما فضلها فيدل عليه، أن عمر بن الخطاب رضي اللـه عنه، خصص مرتبات سنوية لزوجات النبي صلى اللـه عليه وسلم من بيت المال، وكان يعطي كل واحدة منهن عشرة آلاف درهم إلا عائشة فقد جعل لها اثني عشر الفاً، وقد أجاب بعض المعترضين على تصرفـه ذلك بقوله: "ذلك أن عائشة كانت محبوبة الرسول صلى اللـه عليه وسلم ".

قال الامام الزهري:" لو جمع علم عائشة إلى علم جميع ازواج النبي صلى اللـه عليه وسلم ، وعلم جميع النساء، لكان علم عائشة افضل".

وكان بيتها مقصد طلاب العلم؛ يستمعون إليها ويناقشونها، وينقلون عنها ما سمعته من الأحاديث النبوية.

* وفاة النبي صلى اللـه عليه وسلم :

عاد النبي صلى اللـه عليه وسلم من حجة الوداع إلى المدينة المنورة في السنة العاشرة من الهجرة.

وفي أخريات شهر صفر، من السنة الحادية عشر، مر بعائشة، رضي اللـه عنها، في الصباح، فوجدها تشكو صداعا وتقول "وارأساه ".

فقال عليه السلام: "بل أنا و اللـه يا عائشة، وارأساه ". قد بدا يحس ألم المرض.

فلما كررت الشكوى، قال لها ملاطفا:

"وما ضرك لو مت قبلي، فقمت عليك، وكفنتك، وصليت عليك، ودفنتك"؟

فقالت - وقد شعرت بالغيرة:

"ليكن ذلك حظ غيري، و اللـه لكاني بك لو قد فعلت ذلك، لقد رجعت إلى بيتي فأعرست فيه بعض نسائك"[١].

فابتسم النبي عليه السلام.. ثم أخذ يطوف بزوجاته. لكن الألم ما لبث أن اشتد عليه، حتى إذا وصل الى بيت "ميمونة" لم يستطع احتمال الألم، فنظر إلـى زوجـاته،

---

(١) السيرة النبوية لابن هشام، ج٤، ص ٢٩٢.

وقال متسائلاً:

"أين أنا غدا؟ " وأين أنا بعد غد "؟

ففهمت نساؤه مقصده وقلن معاً ":

"يا رسول اللـه، قد وهبنا أيامنا لعائشة "[1].

بعد ذلك، قال صلى اللـه عليه وسلم ، وقد أشتد عليه المرض "مروا أبا بكر فليصل بالناس "وانتقل عليه السلام الى بيت عائشة، رضي اللـه عنها، فسهرت عليه تمرضه وكان رأسه صلى اللـه عليه وسلم في حجرها ثم أخذ يقول:

"بل الرفيق الأعلى من الجنة ".

فقالت له السيدة عائشة:

خيرت فاخترت والذي بعثك بالحق".

قالت رضي اللـه عنها:

"قبض رسول اللـه صلى اللـه عليه وسلم بين سحري ونحري".

وكادت تكون فتنة، فان الناس كانوا بين مصدق ومكذب لهذا الخبر، لولا ان ابا بكر رضي اللـه عنه وقف موقفا حازماً، فاتجه إلى جماعة المسلمين، الذين حضروا ليستطعلوا لخبر، قال: "ايها الناس، انه من كان يعبد محمداً، فإن محمداً قد مات، ومن كان يعبد اللـه فإن اللـه حي لا يموت" ثم تلا قوله تعالى:

(وَمَا مُحَمَّدٌ إِلَّا رَسُولٌ قَدْ خَلَتْ مِنْ قَبْلِهِ الرُّسُلُ أَفَإِنْ مَاتَ أَوْ قُتِلَ انْقَلَبْتُمْ عَلَى أَعْقَابِكُمْ وَمَنْ يَنْقَلِبْ عَلَى عَقِبَيْهِ فَلَنْ يَضُرَّ اللَّهَ شَيْئاً وَسَيَجْزِي اللَّهُ الشَّاكِرِينَ) (آل عمران:١٤٤)

ودفن صلى اللـه عليه وسلم حيث قبض في بيت عائشة، رضي اللـه عنها، وأصبح أبو بكر رضي اللـه عنه خليفة للمسلمين.

* وفاتها(رضي اللـه عنها):

توفيت السيدة عائشة -رضي اللـه عنها - بالمدينة المنورة، ليلة الثلاثاء، لسبع عشرة مضت من شهر رمضان، سنة ثمان وخمسين، من هجرة النبي الكريم عليه

---

(١) السيرة النبوية لابن هشام، ج٤، ص ٣٠٦.

السلام، وكانت قد بلغت السادسة والستين من عمرها، ودفنت بالبقيع، بعد حياة عطرة مع افضل المخلوقات، خاتم الانبياء والمرسلين، محمد صلوات الله وسلامه عليه[1].

وهكذا، طويت صفحة مشرقة من صفحات التاريخ الإسلامي، بوفاة الصديقة بنت الصديق، وقد أصبحت مثلا يحتذى به لنساء المسلمين وفتياتهن.

---

(١) الاصابة ج٤، ص ٣٥١.

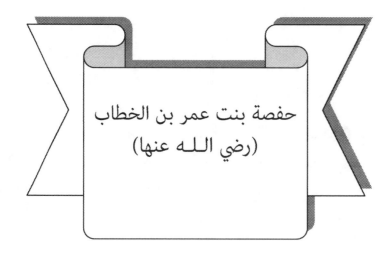

حفصة بنت عمر بن الخطاب
(رضي الله عنها)

* نسبها ومولدها:

هي حفصة بنت عمر بن الخطاب بن نفيل بن عبد العزى.. ينتهي نسبها إلى عَدِيّ بن كعب بن لؤي.

اما أمها فهي زينب بنت مظعون، الجُمَحِيَّة القرشيّة.

ولدت حفصة وقريش تبني البيت (الكعبة)، قبل مبعث النبي صلى الله عليه وسلم بخمس سنين.

* زواجها الأول:

تزوجها خُنيس بن حذافة، في شعبان سنة ثلاث من الهجرة النبوية.

هاجرت حفصة مع زوجها إلى المدينة المنورة، وقد شهد خنيس مع الرسول صلى الله عليه وسلم بدراً وأحداً[1]، ثم مات في أُحد، وخلّف وراءه زوجته الشابة الجميلة.

* زواجها من النبي صلى الله عليه وسلم :.

تأيمت حفصة، وهي في الثامنة عشرة من عمرها، فتألم لها والدها رضي الله عنه.ثم انه فكر في ان يختار لها زوجا يؤنسها ويهتم بها، فوقع اختياره على "ابي بكر الصديق" رضي الله عنه فذهب اليه، وقال:

- ان شئت زوجتك حفصة.

فصمت أبو بكر، ولم يجب.

فانصرف عمر حزناً، لا يكاد يصدق ما حدث.

ثم ساقته قدماه إلى (عثمان بن عفان) رضي الله عنه، - وكانت زوجته السيدة رقية قد مرضت بعد عودتها من الحبشة، واشتد عليها المرض، فماتت رحمها الله، بعد ان مَنَّ الله على المسلمين باحراز النصر في معركة بدر[2]- وعرض عليه حفصة، فاستمهله عثمان اياماً، ثم قال له: "ما اريد ان أتزوج اليوم"[3]

---

(1) قيل، ان (خنيس بن حذافة) مات عنها بعد رجوعه من بدر، على رأس خمسة وعشرين شهرا من الهجرة، ولم يشهد احدا (انظر كتاب نساء رسول الله)، ص ٤٩.

(٢) هذا الخبر يدل على ان خنيس بن حذافة لم يشهد احدا.

(٣) الاصابة والاستيعاب، ج٢، ص ٢٦٤.

فغضب عمر غضبا شديدا من رد صديقيه، وانطلق إلى الرسول الكريم صلى الـلـه عليه وسلم يشكوهما، وكشف له عما كان منهما.. فتبسم صلى الـلـه عليه وسلم وقال:

"يتزوج حفصة من هو خير من عثمان، ويتزوج عثمان من هي خير من حفصة"[1].

ففهم عثمان رضي الـلـه عنه، مقصد الرسول صلى الـلـه عليه وسلم ، وهو انه سيتزوج حفصة، وان عثمان رضي الـلـه عنه، سيتزوج ام كلثوم بنت الرسول صلى الـلـه عليه وسلم .

فانشرح صدر عمر رضي الـلـه عنه، لهذا الرد، وعاد مسرعا إلى بيته، ليبشر ابنته بما رغب فيه رسول الـلـه صلى الـلـه عليه وسلم .

ولقي في طريقة ابا بكر الذي اعتذر اليه قائلا، ما معناه:

- لا تغضب مني يا عمر، فان رسول الـلـه صلى الـلـه عليه وسلم ذكر ابنتك حفصة، فلم استطع ان افشي سره، ولو تركها لتزوجتها.

وهكذا، فهم عمر رضي الـلـه عنه سر رفض صاحبيه الزواج من ابنته.

وقد تزوج النبي صلى الـلـه عليه وسلم حفصة، رضي الـلـه عنها، في شهر شعبان، على رأس ثلاثين شهرا من الهجرة، بعد زواجه من عائشة باثنين وعشرين شهرا.

لقد دخلت حفصة البيت النبوي، وكانت سودة وعائشة قد سبقتاها اليه.

* الضرائر، واذاعة السر:

عندما دخلت حفصة رضي الـلـه عنها بيت النبي صلى الـلـه عليه وسلم ، دبت الغيرة في نفس عائشة- رضي الـلـه عنها- منها، لما تتمتع به من جمال وحيوية، اما سودة- رضي الـلـه عنها- فلم تشعر بشيء من ذلك، لكبر سنها.

ثم تتابعت الضرائر إلى البيت النبوي، فما كان من حفصة الا ان وقفت إلى جانب عائشة، ضد الضرائر الاخريات.

وقد شعر عمر رضي الـلـه عنه بما قد يحمله هذا التقارب من عواقب وخيمة على ابنته، فقال لها:

---

(١) السابق، ج٢ ، ص ١٦٤.

- "اين انت من عائشة؟ واين ابوك من ابيها؟".

وسمع ان ابنته تراجع الرسول صلى اللـه عليه وسلم حتى يظل غضبان، فانطلق اليها وسألها عن ذلك، فتبين له صحة الخبر، فحذرها من المضي في هذا السبيل، ولكن، يبدو انها استمرت على ذلك.

روى (ابن سعد) في الطبقات الكبرى[1]، في حديث الحديبية وبيعة الرضوان، ان الرسول صلى اللـه عليه وسلم ذكر عند حفصة اصحابه الذين بايعوه تحت شجرة الحديبية. فقال: "لا يدخل النار ان شاء اللـه اصحاب الشجرة الذين بايعوا تحتها".

قالت حفصة:"بلى يا رسول اللـه"!

فانتهرها، فتلت الاية:" **(وَإِنْ مِنْكُمْ إِلَّا وَارِدُهَا كَانَ عَلَى رَبِّكَ حَتْماً مَقْضِيّاً)** (مريم:٧١)

فقال النبي صلى اللـه عليه وسلم ، قال اللـه:" **(ثُمَّ نُنَجِّي الَّذِينَ اتَّقَوْا وَنَذَرُ الظَّالِمِينَ فِيهَا جِثِيّاً)**(مريم:٧٢)•

ثم امتدت غيرة حفصة إلى الزوجة الجديدة زينب بنت جحش؛ فقد ذهب النبي صلى اللـه عليه وسلم عندها، فسقته العسل، وكان عليه الصلاة والسلام يحب الحلواء والعسل.

فاتفقت مع السيدة عائشة، رضي اللـه عنهما، على ان تقولا للنبي صلى اللـه عليه وسلم اذا أتاهما:

- اكلت مغافير؟ انا نجد منك ريح مغافير[2].

فقال النبي صلى اللـه عليه وسلم .

- "لا. ولكن كنت اشرب عسلا عند زينب بنت جحش ولن اعود اليه، وقد حلفت، فلا تخبرا بذلك احدا".

ولكن حفصة لم تستطع ان تحتفظ بالسر طويلا فاشاعته فنزل الوحي الالهي:

(وَإِذْ أَسَرَّ النَّبِيُّ إِلَى بَعْضِ أَزْوَاجِهِ حَدِيثاً فَلَمَّا نَبَّأَتْ بِهِ وَأَظْهَرَهُ اللَّهُ عَلَيْهِ عَرَّفَ بَعْضَهُ وَأَعْرَضَ عَنْ بَعْضٍ فَلَمَّا نَبَّأَهَا بِهِ قَالَتْ مَنْ أَنْبَأَكَ هَذَا قَالَ نَبَّأَنِيَ الْعَلِيمُ الْخَبِيرُ)(التحريم:٣)

(١) نساء النبي، ص ١٢٣.

(٢) المغافير: شجر كريه الرائحة.

وقيل ان سبب نزول الاية الكريمة السابقة، هو ان النبي صلى اللـه عليه وسلم خلا يوما بمارية القبطية في بيت حفصة، فلما انصرفت مارية، دخلت حفصة حجرتها غاضبة، وقالت للنبي الكريم صلى اللـه عليه وسلم :

يا نبي اللـه، لقد جئت إلي شيئا ما جئت إلى احد من أزواجك، في يومي، وفي دوري، وعلى فراشي، قال: الا ترضين ان احرمها فلا اقربها؟

قالت: بلى.

فحرمها، و قال صلى اللـه عليه وسلم : لا تذكري ذلك لأحد.

فذكرته لعائشة، فاظهره اللـه عليه. فانزل اللـه عز وجل-: (**يَا أَيُّهَا النَّبِيُّ لِمَ تُحَرِّمُ مَا أَحَلَّ اللَّهُ لَكَ تَبْتَغِي مَرْضَاتَ أَزْوَاجِكَ وَا اللَّهُ غَفُورٌ رَحِيمٌ**) (التحريم:١)•

وبعد ذلك كفر النبي صلى اللـه عليه وسلم يمينه[١]، واصاب جاريته(مارية).

ويقول الشوكاني في تفسيرة: فهذان سببان صحيحان لنزول الاية، والجمع بين القصتين ممكن: قصة العسل، وقصة مارية، وان القران نزل فيهما جميعاً، وفي كل منهما اسر النبي صلى اللـه عليه وسلم الحديث إلى بعض ازواجه.[٢].

* الصوامة القوامة:

لقد كانت حفصة، هي التي نبأت بالسر الذي أوصاها الرسول صلى اللـه عليه وسلم أن تكتمه. فيقال انه صلى اللـه عليه وسلم طلقها فعلاً تطليقة واحدة ثم راجعها.

وقيل أن ذلك كان رحمة بعمر رضي اللـه عنه الذي حثا التراب على رأسه، وقال:" ما يعبأ اللـه بعمر وابنته بعدها".

ويروى عن النبي صلى اللـه عليه وسلم أنه قال: قال لي جبريل عليه السلام: "راجع حفصة، فإنها صوامة قوامة وهي زوجتك في الجنة"[٣].

---

(١) اخرج كفارة الحنث بقسمه، لئلا يظلم جاريته، بعد ان عاتبه اللـه بشأنها.
(٢) الطبقات الكبرى، ج٨، ص ١٨٦- موسوعة حياة الصحابيات، ص ٢٩٣.
(٣) الطبقات الكبرى، ج٨ ، ص ٨٤.

وتقول الدكتورة بنت الشاطئ[١]:

"والراجح أن هذا الطلاق الرجعي قد كان قبل أن تستفحل ثورة عائشة ومن معها من نساء النبي. فلما اعتزلهن الرسول، كان من الطبيعي أن يكون إحساس حفصة بالندم أوفر من إحساس أمهات المؤمنين الأخريات، وشعورها بالخطأ أفدح من شعورهن..

وفي الاصابة: ان عمر رضي الـلـه عنه دخل على ابنته حفصة وهي تبكي، فقال:

- لعل رسول الـلـه قد طلقك! إنه كان قد طلقك ثم راجعك من أجلي، فإن كان طلقك مرة أخرى لا أكلمك أبداً.

وفي حديث عمر إلى ابن عباس بالصحيحين، أنه خرج إلى المسجد، فألفى المسلمين هناك ينكتون الحصى[٢]، مطرقين، ويقولون: طـلق رسـول الـلـه صلى الـلـه عليه وسلم نساءه.

وحاول عمر رضي الـلـه عنه أن يعرف حقيقة الخبر لأنه كباقي المسلمين مهتم بأمر النبي صلى الـلـه عليه وسلم .

ثم لأن ابنته إحدى زوجاته عليه السلام- فقصد الغرفة التي اعتزل فيها النبي الكريم، وغلامه رباح قائم على عتبتها – فاستأذن عمر في الدخول، فدخل، بعد أن انتظر قليلاً على الباب ثم قال:

- يا رسول الـلـه، ما يشق عليك من أمر النساء؟ ان كنت طلقتهن، فإن الـلـه معك ملائكته وجبريل وميكائيل وأنا وأبو بكر والمؤمنين معك.

فابتسم الرسول صلى الـلـه عليه وسلم ، وبيـن له أنه لـم يطلـق نسـاءه، وإنمـا هجرهـن شهرا[٣].

---

(١) نساء النبي، ص ١٢٦.

(٢) نكت الشيء: رماه إلى الارض (ورمي المسلمين الحصى أو لعبهم به، دليل على ضيق الصدر أو الغضب والقلق).

(٣) الطبقات ج٨ ، ص١٨٨- نساء النبي، ص ١٢٧.

فأسرع إلى المسجد، وبشر المسلمين القلقين بأن النبي صلى الله عليه وسلم - لم يطلق نساءه.

* حافظة المصحف الشريف:

اشار عمر بن الخطاب على ابي بكر الصديق، رضي الله عنهما بعد وفاة النبي صلى الله عليه وسلم بجمع القرآن الكريم، الذي كان متفرقا في صحف شتى، قبل ان يبعد العهد بنزوله، ويمضي حفظته، وقد استشهد منهم عدد كبير في حروب الردة.. فاستجاب أبو بكر، بعد تردد؛ لان رسول الله صلى الله عليه وسلم لم يفعل شيئا كهذا.

فارسل (أبو بكر) إلى "زيد بن ثابت الانصاري"، فلما حضر قال له:

- انك رجل شاب عاقل، لا تنهمك، وقد كنت تكتب الوحي لرسول الله صلى الله عليه وسلم ، فتتبع القران فاجمعه.

فقال زيد لابي بكر، رضي الله عنه:

- كيف تفعلون شيئا لم يفعله رسول الله صلى الله عليه وسلم ؟

قال أبو بكر:

- هو و الله خير.

ثم شرح الله صدر زيد، كما شرح صدر ابي بكر، وصدر عمر.

فاخذ يتتبعه من الرقاع (الجلد والورق)، والأكتاف(العظم)، والعسب (جريد النخل)، وصدور الرجال..

ويقول زيد فيما يرويه:

- وكانت الصحف التي جمع فيها القران عند ابي بكر، حتى توفاه الله، ثم عند عمر، حتى توفاه الله، ثم عند حفصة بنت عمر، رضي الله عنها.

وفي عهد عثمان رضي الله عنه تم توحيد حرف المصحف ورسمه، من المصحف الشريف المجموع المودع لدى ام المؤمنين حفصة.

ونسخت من المصحف العثماني الامام، نسخ وزعت على الامصار.

* وفاتها:

وفي سنة اربع واربعين، وقيل خمس واربعين، توفيت حفصة، رضي اللـه عنها.

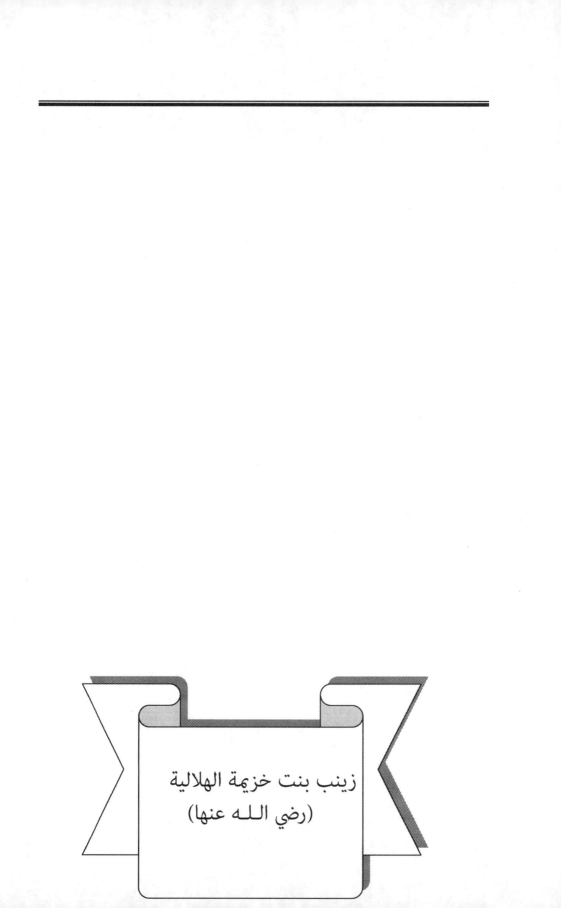

زينب بنت خزيمة الهلالية
(رضي الـله عنها)

* نسبها:

هي زينب بنت خزيمة بن الحارث.. ينتهي نسبها إلى قيس عيلان؛ فهي قيسية هوازنية عامرية هلالية.

اما امها فهي: هند بنت عوف بن الحارث بن حماطة، الحميرية.

* زواجها:

كانت زينب بنت خزيمة عند الطفيل بن الحارث بن المطلب بن عبد مناف بن قصي، فطلقها وتزوجها اخوه عبيدة بن الحارث، فقتل عنها يوم بدر شهيداً.

ثم تزوجها رسول الله صلى الله عليه وسلم في شهر رمضان، على رأس واحد وثلاثين شهراً من الهجرة، قبل غزوة أحد بشهر واحد، ولم يكن قد مضى على دخول "حفصة" البيت المحمدي، غير وقت قصير.

* أم المساكين:

أجمع المؤرخون، وكُتَّاب السيرة، على أن زينب بنت خزيمة -رضي الله عنها- معروفة بالكرم، والعطف على الفقراء والمساكين، فقد لقبت بأم المساكين، لرحمتها إياهم، ورقتها عليهم.

وقيل بأنها لقبت بذلك، لأنها كانت تطعم المساكين. وتتصدق عليهم، وكانت تسمى بذلك في الجاهلية.

*ما وصل الينا من اخبارها:

يبدو أن قصر مقامها في بيت النبي صلى الله عليه وسلم وهو ثمانية اشهر أو اقل من ذلك قد صرف عنها كُتَّاب السيرة، ومؤرخي عصر النبوة..

فلم يصل الينا من أخبارها سوى شذرات متناثرة. يكثر حولها الجدل والاختلاف.

فمن حيث مقامها في البيت المحمدي، روي في الإصابة: ان دخوله صلى اللـه عليه وسلم بها كان بعد دخوله على حفصة بنت عمر، ثم لم تلبث عنده سوى شهرين أو ثلاثة، وماتت.

وروت بعض المصادر[١]، انها اقامت عند النبي صلى اللـه عليه وسلم ، ثمانية اشهر.

* وفاتها:

توفيت -رضي اللـه عنها- في آخر شهر ربيع الآخر[٢]، على رأس تسعة وثلاثين شهراً من الهجرة.

ولم يمت من أزواجه صلى اللـه عليه وسلم في حياته. بالإجماع غيرها، وغير السيدة خديجة، رضي اللـه عنهما، وفي "ريحانة بنت زيد" رضي اللـه عنها، خلاف.

وصلى عليها الرسول صلى اللـه عليه وسلم ودفنها بالبقيع، وكانت قد بلغت ثلاثين سنة أو نحوها.

تقول الدكتورة بنت الشاطئ[٣]:

" الراجح انها ماتت في الثلاثين من عمرها، كما ذكر الواقدي، ونقل ابن حجر في الاصابة، ولم اقف على خبر عنها في حياتها الزوجية القصيرة.

فحسبنا ان نتمثلها هناك قريرة العين، بما نالت من شرف الزواج بالنبي صلى اللـه عليه وسلم ، وامومة المؤمنين، منصرفة عن شواغل الحريم، بما كان يشغلها من امر المساكين،

(١) الإصابة ج٤، ص ٣٠٩.

(٢) كما تروي المصادر التي تقول انها بقيت عنده صلى اللـه عليه وسلم ثمانية أشهر.

(٣) نساء النبي صلى اللـه عليه وسلم ن ص ١٦٣.

قانعة بحفظها من تقدير النبي صلى الله عليه وسلم والمؤمنين، لا يرهقها طمع، ولاتنهكها غيرة".

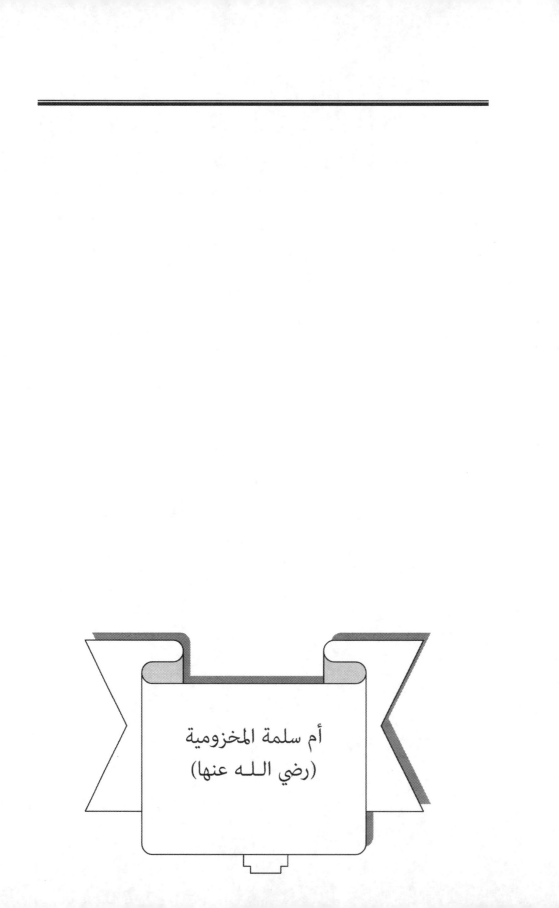

أم سلمة المخزومية
(رضي اللـه عنها)

* نسبها:

اسمها هند بنت أبي أمية (وهو حذيفة، وقيل سهيل) ولقب حذيفة هو: زاد الراكب، أو أزواد الراكب[1]، احد اجواد قريش المشهورين بالكرم. وكان يعرف بابي عبد مناف بن المغيرة بن عمر بن مخزوم.. فهي قرشية مخزومية.

اما أمها فهي عاتكة بنت عامر بن ربيعة بن مالك بن جذيمة بن علقمة. ينتهي نسبها إلى كنانة. وكان جدها علقمة يلقب بجذل الطعان.

* قصتها مع ابي سلمة:

تزوجها- في الجاهلية-ابو سلمة، وهو عبد الـلـه بن عبد الأسد بن هلال بن عبد الـلـه بن عمرو بن مخزوم، ابن عمة الرسول صلى الـلـه عليه وسلم : برة بنت عبد المطلب بن هاشم، واخو النبي صلى الـلـه عليه وسلم من الرضاعة، أرضعتهما ثويبة، مولاة أبي لهب.

كان لأبي سلمة وزوجته هند، ماض عريق في الاسلام؛ فقد كانا من السابقين الاولين.

وما كاد يشيع نبأ إسلامهما في مكة، حتى هاجت قريش، واخذت تصب عليهما، وعلى من اسلم معهما الوان العذاب.. ولما اشتد عليها وعلى المسلمين العذاب والاذى، اذن الرسول صلى الـلـه عليه وسلم لهم بالهجرة إلى الحبشة، فكان أبو سلمة وهند على رأس المهاجرين، مع العشرة الأولين. وهناك ولد سلمة[2].

وبلغ سمع المسلمين في الحبشة ان حمزة بن عبد المطلب، عم الرسول وعمر ابن الخطاب، قد اسلما، واخذا يذبان عن الدين، ويدافعان عن الفئة الضعيفة..

فعاد فريق منهم إلى مكة، وكانت ام سلمة وزوجها في طليعة العائدين، وكان ذلك بعد تمزيق صحيفة المقاطعة، التي بموجبها قاطعت قريش المسلمين، وحاصرتهم في شعب ابي طالب، ثلاث سنين.

---

(١) لقب بذلك لأنه كان احد الاجواد؛ فكان اذا سافر لم يحمل أحد معه في رفقته زادا، بل كان هو يكفيهم. وازواد الركب هم: الأسود بن المطلب بن اسد بن عبد العزى، ومسافر بن ابي عمرو بن امية، وابو امية بن المغيرة، وزمعة بن الأسود بن المطلب بن اسد.

(٢) ولدت ام سلمة في الحبشة: برة(التي سماها النبي صلى الـلـه عليه وسلم زينب)، وسلمة، وعمر ودرة.

ولكن قريشا سرعان ما عادت من جديد تنكل بالمسلمين، وتذيقهم مر العذاب.. فأذن النبي صلى الله عليه وسلم للمسلمين بالهجرة إلى يثرب، بعد بيعة العقبة الكبرى. فعزمت ام سلمة وزوجها على الهجرة إلى هناك.

ولكن قصة الهجرة لهذين الزوجين وابنهما سلمة، كانت شاقة محزنة. انها مأساة، كانت وستظل مثيرة للألم.. وخير من يصورها ام سلمة.

حدثث- رضي الله عنها-، فقالت[١]:

"..لما أجمع أبو سلمة على الخروج إلى المدينة، رحّل بعيراً له وحملني، وحمل معي ابني سلمة، ثم خرج يقود بعيره، فلما رآه رجال بني المغيرة، قاموا اليه فقالوا: هذه نفسك غلبتنا عليها، أرأيت صاحبتنا هذه، علام نتركك تسير بها في البلاد؟!

ونزعوا خطام البعير من يده، وأخذوني. فغضب عند ذلك بنو عبد الأسد اشد الغضب وقالوا لرهط زوجي:

- و الله لا نترك ابننا عندها إذ نزعتموها من صاحبنا، فهو ابننا، ونحن اولى به. فتجاذبوا ابني سلمة حتى (خلعوا يده)، وانطلق به رهط ابيه، وحبسني بنو المغيرة عندهم.

ومضى زوجي ابو سلمة حتى لحق بالمدينة. (وفرق بيني وبين زوجي ابني) فكنت أخرج كل غداة، وأجلس بالأبطح[٢]، فما أزال أبكي حتى أمسي، سنة أو قريبا منها.

حتى مر بي رجل من بني عمي، احد بني المغيرة، فرأى ما بي، فرحمني، فقال لبني المغيرة: ألا تخرجون هذه المسكينة؟ فرقتم بينها وبين زوجها وبين ابنها:

وما زال بهم حتى قالوا:

- الحقي بزوجك إن شئت.

(١) السيرة النبوية لابن هشام ج٢، ص ١١٢.

(٢) المكان المتسع يمر به السيل، فيترك فيه الرمل والحصى الصغار، ومنه ابطح مكة (مكان فيها).

ورد علي بنو الاسد- عند ذلك- ابني، فأعددت بعيري، ووضعت ابني في حجري، ثم خرجت اريد المدينة، وما معي احد من خلق الـلـه..

حتى اذا كنت بالتنعيم (قرب مكة)، لقيت عثمان بن طلحة، فقال:

- إلى اين يا بنت زاد الراكب؟

قلت: اريد زوجي بالمدينة.

فقال: هل معك احد؟

فقلت: لا و الـلـه، الا الـلـه، وابني هذا.

فقال: و الـلـه ما أتركك هكذا..

واخذ بخطام البعير، فانطلق معي يقودني، فو الـلـه ما صبحت رجلا من العرب اراه كان ارحم منه..

حتى قدم بي المدينة، فلما نظر إلى قرية بني عمرو بن عوف، بقباء- وكان بها منزل ابي سلمة في مهاجره – قال:

- ان زوجك في هذه القرية، فادخليها على بركة الـلـه. ثم انصرف راجعا إلى مكة.

في المدينة، عكفت على تربية أولادها، وتفرغ زوجها للجهاد؛ فهذه بدر يشهدها أبو سلمة، ويعود منها مع المسلمين، وقد انتصروا نصراً مؤزراً[1].

وهذه احد يخوض غمارها، ويبلي فيها بلاء حسنا، لكنه يعود منها جريحاً؛ فقد رمي بسهم في عضده، ظل يداويه، حتى ظن انه التأم..

فلما علم النبي صلى الـلـه عليه وسلم - بعد شهرين من معركة احد- ان بني اسد يعدون العدة لمهاجمة المسلمين في المدينة، وامر ابا سلمة، وعقد له لواء سرية إلى قطن، وهو جبل بناحية فيد[2]، ماء لبني اسد بن خزيمة، وارسل معه مئة وخمسين رجلا، منهم أبو عبيدة بن الجراح، وسعد بن ابي وقاص.. فقاد معركة مظفرة، ثم عاد وصحبه إلى

---

(١) وكان الرسول صلى الـلـه عليه وسلم - قبل بدر- قد استخلفه على المدينة، حين خرج إلى غزوة العشيرة، في السنة الثانية للهجرة، وهي الغزوة التي وادع فيها بني مدلج وحلفاءهم (وتقع العشيرة قرب ينبع).

(٢) وقيل بناحية نجد.

المدينة سالمين غانمين، بعد ان غاب تسعا وعشرين ليلة، وهناك انتقض[1] جرحه (الذي ظن انه التأم)، فمات، لثمان خلون من جمادى الآخرة، سنة اربع من الهجرة. فاعتدت ام سلمة لعشر بقين من شوال سنة أربع.

* زواجها من النبي صلى اللـه عليه وسلم :

بعد انتهاء عدة ام سلمة، قدم اليها أبو بكر رضي اللـه عنه، فرفضت طلبه في رفق. ثم تقدم اليها عمر بن الخطاب رضي اللـه عنه، فردته بلطف، كما تصرفت مع ابي بكر الصديق.

بعد ذلك، بعث اليها النبي يخطبها..

تقول ام سلمة (رضي اللـه عنها):

لما خطبني رسول اللـه صلى اللـه عليه وسلم قلت: في خلال لا ينبغي ان أتزوج رسول اللـه صلى اللـه عليه وسلم بسببها:

اني امرأة مسنة، وام أيتام، واني شديدة الغيرة.

قالت: فارسل الي رسول اللـه صلى اللـه عليه وسلم ، اما قولك: اني مسنة، فإني أسن منك، ولا يعاب على المرأة بأن تتزوج اسن منها، واما قولك: بأني ام أيتام، فإنهم جميعا على اللـه ورسوله. واما قولك، باني شديدة الغيرة، فإني أدعو اللـه ان يذهب ذلك عنك.

وتزوجها رسول اللـه صلى اللـه عليه وسلم في ليال بقين من شوال سنة أربع، وجمعها اليه في شوال ايضا، فصارت احدى أمهات المؤمنين.

* منزلة ام سلمة (رضي اللـه عنها):

في حديث عائشة – رضي اللـه عنها[2] -:

"لما تزوج رسول اللـه صلى اللـه عليه وسلم أم سلمة، حزنت حزناً شديداً لما ذكر لنا من جمالها. فتلطفت حتى رأيتها، فرأيت و اللـه أضعاف ما وصفت به، فذكرت ذلك لحفصة، فقالت:

"ما هي كما يقال"...وذكرت كبر سنها...

"فرأيتها بعد ذلك، فكانت كما قالت حفصة، ولكني كنت غيرى".

---

(١) أي فسد والتهب.

(٢) الطبقات جـ٨، ص ٩٤- الإصابة جـ٤ ص ٤٤٠.

هذه هي نظرة المرأة إلى ضرتها؛ فقد تراها- لغيرتها منها - جميلة جداً، لأول وهلة، وقد تراها على العكس من ذلك تماماً، وهذا هو الشائع كثيراً.

وليست الغيرة مقصورة على نساء البشر العاديين، بل تشمل نساء الأنبياء، عليهم الصلاة والسلام، كما عرفنا عن أمهات المؤمنين رضي اللـه عنهن جميعاً.

وليس في ذلك غض من شأن المرأة أو احترامها، لأن هذه طبيعتها السوية. لكن ، ليس من الغيرة السوية، حوك المؤامرات للضرة، والإيقاع بها، ليبقى الزوج لها وحدها.

كانت أم سلمة تتمتع بمنزلة عالية في البيت النبوي؛ فقد أبت على "عمر" أن يتكلم في مراجعة أمهات المؤمنين لزوجهن الرسول صلى اللـه عليه وسلم ، وقالت له منكرة:

"عجباً لك يا ابن الخطاب، قد دخلت في كل شيء، حتى تبتغي أن تدخل بين رسول اللـه وأزواجه!

قال عمر: "فأخذتني أخذا كسرتني به عن بعض ما كنت أجد".

وما قالت كلمتها هذه إلا وهي مدلة بمكانتها عند النبي صلى اللـه عليه وسلم ، وفي بيته.

* ام سلمه، صاحبة الرأي والمشورة:

في العام السادس للهجرة، صبحت ام سلمة، رضي اللـه عنها، النبي صلى اللـه عليه وسلم في رحلته معتمراً. لكن قريشا رفضت دخول المسلمين ذلك العام، وتم عهد الحديبية[1].

فتضايق المسلمون من شروط هذا العهد لاعتقادهم انه بخسهم حقهم.. فوثب عمر بن الخطاب، فاتى أبا بكر فسأله:

أليس برسول اللـه؟

---

(١) ملخصه: ان تضع الحرب أوزارها بين الطرفين عشر سنين، وان يعود المسلمون إلى المدينة في ذلك العام دون عمرة، على ان يؤدوها في العام المقبل، وليس معهم الا السيوف في القرب، وانه من احب ان يدخل في عقد محمد وعهده دخل فيه، ومن احب ان يدخل في عقد قريش وعهدهم دخل فيه، وانه من اتى محمدا من قريش بغير اذن وليه رده عليهم، ومن جاء قريشا ممن مع محمد لم يردوه عليه (السيرة جـ٣)، ص ٣٣٢.

أولسنا بالمسلمين؟

أوليسوا بالمشركين؟

فيجيب أبو بكر في كل مرة بلى.

قال عمر: فعلام نعطي الدنية في ديننا؟

فحذره أبو بكر، ثم قال: اني اشهد انه رسول الله.

قال عمر:"وانا اشهد انه رسول الله".

تم اتى عمر النبي صلى الله عليه وسلم فسأله مثل ما سأل ابا بكر، حتى اذا بلغ قوله:

"فعلام نعطى الدنية في ديننا"؟

اجابه عليه السلام:

"انا عبد الله ورسوله، ولن أخالف امره، ولن يضيعني"[1].

ثم أن النبي صلى الله عليه وسلم أمر أصحابه أن يقوموا فينحروا ثم يحلقوا فما قام منهم رجل، فدخل على زوجه ام سلمة فذكر لها ما لقي من الناس، فقالت:

" يا نبي الله، أتحب ذلك؟

أخرج ثم لا تكلم أحداً منهم كلمة حتى تنحر بدنتك، وتدعو حالقك فيحلقك".

فعمل بمشورتها، فخرج فلم يكلم احداً منهم كلمة حتى نحر وحلق. فلما رأوا ذلك قاموا فنحروا، وجعل بعضهم يحلق بعضاً.

*وفاتها:

ماتت السيدة ام سلمة، رضي الله عنها، في شوال سنة تسع وخمسين، وهي بنت اربع وثمانين سنة، وقيل ماتت في ذي القعدة.

وصلى عليها أبو هريرة رضي الله عنه، زمن الوليد بن عتبة بن ابي سفيان، والي المدينة[2]، ودفنت في البقيع.

---

(١) السيرة النبوية جـ٣، ص٣٣١.

(٢) قيل بانها أوصت الا يصلي عليها الوليد بن عتبة..

وقيل توفيت في ولاية يزيد من معاوية (وولي يزيد يوم الخميس لثمان بقين من رجب سنة ستين).

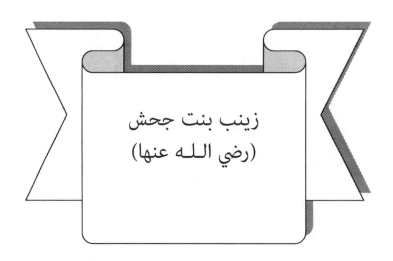

زينب بنت جحش
(رضي اللـه عنها)

* نسبها:

هي زينب بنت جحش بن رئاب بن يعمر، ينتهي نسبها الى أسد بن خزيمة، فهي اسدية مضرية.

اما أمها فهي اميمة بنت عبد المطلب، الهاشمية القرشية.

* زيد وزينب:

كان زيد مولى خديجة بنت خويلد، عاد به "حكيم بن حزام" ابن اخي خديجة، من تجارة له، مع عدد من الرقيق.

فلما جاءت عمته خديجة تزوره (قد كانت حينذاك زوجة محمد بن عبد الله صلى الله عليه وسلم)، عزم عليها ان تختار احد الغلمان، فاختارت زيدا، فلما رآه سيدنا محمد استوهبه منها، فوهبته له، ولم يكن "زيد" عبدا، فهو (زيد بن حارثة بن شراحبيل بن كعب الكلبي)، من كلب بن وبرة القضاعي القحطاني، من بني زيد اليعملات.

خرجت به امه " سعدى بنت ثعبلة" لتُزيره اهلها بني معن بن طيئ، فاصابته خيل من بني القين بن جسر، فباعوه بسوق من أسواق العرب، فاشتراه حكيم بن حزام.

وكان "حارثة" قد جزع على "زيد اشد الجزع" وخرج يلتمسه، حتى سمع بمكانه في مكة فانطلق مع أخيه "كعب" حتى وقفا على محمد بن عبد الله، حيث وجداه في البيت العتيق، فقالا له:

يا بن عبد المطلب، يا بن سيد قومه، انتم جيران الله، تفكون العاني[1]، وتطعمون الجائع، وقد جئتك في ابننا، فتحسن الينا في فدائه.

قال: أو غير ذلك؟

قالا: ما هو؟

اجاب ادعوه وأُخيّره، فإن اختاركما فذاك، وان اختارني فوالله ما انا بالذي اختار على من اختارني احدا.

(١) الأسير.

ودعى زيد، فاختار سيده. فقال له ابوه:

" اتختار العبودية على ابيك وامك٠٠"؟

فقال زيد:" اني قد رأيت من هذا الرجل شيئا، وما انا بالذي افارقه ابدا".

عند ذلك، اخذ محمد بيده، وقام إلى الملأ من قريش فأشهدهم ان زيدا ابنه، وارثا وموروثاً.

ودعي الغلام "زيد بن محمد".

وكان اول من اسلم بعد علي بن ابي طالب.

فلما بلغ زيد سن الزواج، اختار له النبي صلى الـلـه عليه وسلم زينب بنت جحش، بنت عمته.

لكن زينب واهلها كرهوا ذلك الزواج؛ لأنه ليس من عادة ذلك المجتمع ان يوافق على زواج المولى من سيدة شريفة، حتى وان كان ذلك المولى معروف النسب.

ثم نزل القران الكريم بقولة تعالى:

(وَمَا كَانَ لِمُؤْمِنٍ وَلا مُؤْمِنَةٍ إِذَا قَضَى اللَّهُ وَرَسُولُهُ أَمْراً أَنْ يَكُونَ لَهُمُ الْخِيَرَةُ مِنْ أَمْرِهِمْ وَمَنْ يَعْصِ اللَّهَ وَرَسُولَهُ فَقَدْ ضَلَّ ضَلالاً مُبِيناً) (الأحزاب:٣٦).

فزفت زينب إلى زيد، استجابة لأمر الـلـه ورسوله. وألغى هذا الزواج التفاوت الطبقي الذي كان سائدا قبل الاسلام، واصبح التفاضل بين الناس بالتقوى، كما قال تعالى:

(إِنَّ أَكْرَمَكُمْ عِنْدَ اللَّهِ أَتْقَاكُمْ)(الحجرات: من الآية١٣).

لكن زيدا قاسى من ترفع زوجته عليه، فشكا ذلك إلى الرسول صلى الـلـه عليه وسلم ، فأوصاه عليه الصلاة والسلام بالصبر، وقال له:

(**أَمْسِكْ عَلَيْكَ زَوْجَكَ وَاتَّقِ** الـلـه) (الأحزاب:٣٧)

وتكررت الشكوى من زيد للرسول صلى الـلـه عليه وسلم ، وتكرر جوابه صلى الـلـه عليه وسلم .

(**أَمْسِكْ عَلَيْكَ زَوْجَكَ وَاتَّقِ اللَّهَ**) (الأحزاب:٣٧)

لكن زينب هجرته، فما استطاع اليها سبيلا بعد ذلك اليوم، وطلقها.

* زواجها من رسول الله صلى الله عليه وسلم ووليمة العرس:

فلما انقضت عدتها تزوجها رسول الله صلى الله عليه وسلم . فتكلم المنافقون في ذلك، وقالوا حرم محمد نساء الولد، وتزوج امرأة ابنه! فأنزل الله عز وجل:

(**مَا كَانَ مُحَمَّدٌ أَبَا أَحَدٍ مِنْ رِجَالِكُمْ**)(الأحزاب: من الآية٤٠)، وقال جل شانه: (**ادْعُوهُمْ لِآبَائِهِم**)(الأحزاب: من الآية٥).

فدعي منذ ذلك اليوم: "زيد بن حارثة" بدلاً من "زيد بن محمد".

وقد تنزل القرآن الكريم مشيراً إلى هذه القصة، التي تداولتها الألسنة، وكثر فيها الكلام، قال تعالى:

(**وَإِذْ تَقُولُ لِلَّذِي أَنْعَمَ اللَّهُ عَلَيْهِ وَأَنْعَمْتَ عَلَيْهِ أَمْسِكْ عَلَيْكَ زَوْجَكَ وَاتَّقِ اللَّهَ وَتُخْفِي فِي نَفْسِكَ مَا اللَّهُ مُبْدِيهِ وَتَخْشَى النَّاسَ وَ اللَّهُ أَحَقُّ أَنْ تَخْشَاهُ فَلَمَّا قَضَى زَيْدٌ مِنْهَا وَطَراً زَوَّجْنَاكَهَا لِكَيْ لا يَكُونَ عَلَى الْمُؤْمِنِينَ حَرَجٌ فِي أَزْوَاجِ أَدْعِيَائِهِمْ إِذَا قَضَوْا مِنْهُنَّ وَطَراً وَكَانَ أَمْرُ اللَّهِ مَفْعُولاً**)(الأحزاب:٣٧).

تزوج رسول الله صلى الله عليه وسلم زينب (وكان اسمها برة)، لهلال ذي القعدة سنة خمس - -كما ذكر ابن سعد وغيره - وهي يومئذ بنت خمس وثلاثين سنة.

وكانت وليمة العرس حافلة مشهودة؛ فقد ذبح صلى الله عليه وسلم شاة وأمر مولاه "أنس بن مالك" أن يدعو الناس إلى الوليمة، فاقبلوا أفواجاً أفواجاً.. قال أنس "حتى أكلوا كلهم، فقال لي صلى الله عليه وسلم : يا أنس، ارفع.

وبقي بعض المدعوين في بيت الرسول صلى الله عليه وسلم يتحدثون ورسول الله جالس، وزوجته مولية ظهرها إلى الحائط، فثقلوا على النبي صلى الله عليه وسلم فأنزل الله تعالى:

(**يَا أَيُّهَا الَّذِينَ آمَنُوا لا تَدْخُلُوا بُيُوتَ النَّبِيِّ إِلَّا أَنْ يُؤْذَنَ لَكُمْ إِلَى طَعَامٍ غَيْرَ نَاظِرِينَ إِنَاهُ وَلَكِنْ إِذَا دُعِيتُمْ فَادْخُلُوا فَإِذَا طَعِمْتُمْ فَانْتَشِرُوا وَلا مُسْتَأْنِسِينَ لِحَدِيثٍ إِنَّ ذَلِكُمْ كَانَ يُؤْذِي النَّبِيَّ فَيَسْتَحْيِي مِنْكُمْ وَ اللَّهُ لا**

يَسْتَحْيِي مِنَ الْحَقِّ وَإِذَا سَأَلْتُمُوهُنَّ مَتَاعاً فَاسْأَلوهُنَّ مِنْ وَرَاءِ حِجَابٍ..)(الأحزاب: من الآية٥٣)

ومن ذلك اليوم فرض الحجاب على نساء النبي صلى الـلـه عليه وسلم وعلى المؤمنات جميعاً.

* القوامة الصوامة:

وكانت زينب- رضي الـلـه عنها- صالحة تقية، شهدت لها بذلك ضرتها السيدة عائشة - رضي الـلـه عنها- فقالت:

"ولم ار امرأة قط خيراً من الدين من زينب، واتقى لله، واصدق حديثاً، واوصل للرحم، واعظم صدقة، واشد ابتذالا لنفسها في العمل الذي يتصدق به ويتقرب به إلى الـلـه عز وجل"(١).

وكانت- كذلك - كريمة خيرة، تصنع بيديها ما تحسن صنعه، ثم تتصدق به على المساكين.

ذكرتها ام سلمه- رضي الـلـه عنها- فترحمت عليها، وذكرت ما كان يكون بينها وبين عائشة (الغيرة المعروفة بين الضرائر)، ثم قالت:

"كانت زينب لرسول الـلـه صلى الـلـه عليه وسلم معجبة، وكان يستكثر منها، وكانت صالحة قوامة صوامة، صناعا، وتتصدق بذلك كله على المساكين".

روت السيدة عائشة - رضي الـلـه عنها- ان النبي صلى الـلـه عليه وسلم قال:

أسرعكن لحاقا بي، أطولكن يدا"، قالت:

"فكنا إذا اجتمعنا في بيت إحدانا بعد وفاة رسول الـلـه صلى الـلـه عليه وسلم نمد أيدينا في الجدار نتطاول، فلم نزل نفعل ذلك حتى توفيت زينب بنت جحش، ولم تكن بأطولنا. فعرفنا حينئذٍ أن النبي صلى الـلـه عليه وسلم إنما أراد بطول اليد بالصدقة، وكانت زينب امرأة صناع اليدين تدبغ، وتخرز وتتصدق في سبيل الـلـه "(٢).

* وفاتها:

توفيت سنة عشرين للهجرة، وقيل سنة احدى وعشرين، ودفنت بالبقيع. وصلى

---

(١) صحيح مسلم، الحديث ٢٤٤٢.

(٢) الإصابة جـ ٤، ص ٣٠٧.

عليها امير المؤمنين عمر بن الخطاب- رضي الـلـه عنه- فكانت اول من مات من نساء النبي صلى الـلـه عليه وسلم [1] بعده.

(١) نساء رسول، ص٤٥ - الإصابة جـ ٤، ص ٣٠٨.

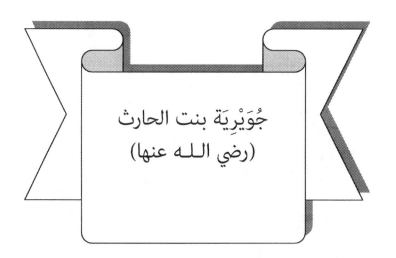

جُوَيْرِيَة بنت الحارث
(رضي اللـه عنها)

* نسبها:

هي جويرية بنت الحارث[1] بن أبي ضرار بن حبيب بن عابد بن مالك بن جذيمة ٠٠من بني المصطلق. فهي مصطلقية خزاعية أزدية.

* غزوة بني المصطلق[2] وجوهرية:

غزا رسول اللـه صلى اللـه عليه وسلم بني المصطلق، في شعبان سنة خمس من الهجرة. فقد بلغ رسول اللـه علية الصلاة والسلام، ان بني المصطلق يجمعون له بقيادة الحارث بن ابي ضرار (والد جويرية).

فلما سمع رسول اللـه صلى اللـه عليه وسلم بذلك، خرج اليهم، حتى لقيهم على ماء لهم يقال له "المريسيع"، فتزاحف الناس واقتتلوا، فهزم اللـه بني المصطلق، وقتل منهم من قتل، وغنم المسلمون منهم[3]. لقد اصاب رسول اللـه صلى اللـه عليه وسلم منهم سبيا كثيرا، وكان فيمن أصيب يومئذ من السبايا (جويرية) بنت الحارث.

* زواج جويرية من الرسول صلى اللـه عليه وسلم :

قالت عائشة[4]:

لما قسم رسول اللـه صلى اللـه عليه وسلم سبايا بني المصطلق، وقعت جوهرية في السهم لثابت بن قيس بن الشماس، أو لابن عم له، فكاتبته على نفسها، وكانت امراة حلوة ملاحة[5]، لا يراها احد الا أخذت بنفسه فأتت رسول اللـه صلى اللـه عليه وسلم تستعينه في كتابتها.

قالت عائشة: فوالله ما هو الا ان رأيتها على باب حجرتي فكرهتها، وعرفت انه صلى اللـه عليه وسلم سيرى ما رأيت. فدخلت، عليه، فقالت: يا رسول اللـه: أنا جويرية بنت الحارث بن

---

(١) كان اسمها (بَرّة) فسماها الرسول صلى اللـه عليه وسلم (جُوَيرية).

(٢) وتسمى ايضا" المريسيع": ماء بنجد في ديار بني المصطلق من خزاعة، وقال ابن اسحاق، من ناحية "قديد" إلى الشام.

(٣) تقرأ تفاصيل الغزوة في كتب السيرة، والتاريخ الإسلامي.

(٤) السيرة النبوية لابن هشام جـ٣، ص٣٠٧.

(٥) شديدة الملاحة (الجمال).

أبي ضرار، سيد قومه، قد أصابني من البلاء ما لم يخف عليك، فوقعت في السهم لثابت ابن قيس (أو قالت: لابن عم له)، فكاتبته على نفسي، وجئتك أستعينك.

فقال لها صلى الـلـه عليه وسلم : هل لك في خير من ذلك؟

قالت: وما هو يا رسول الـلـه؟

قال صلى الـلـه عليه وسلم : أقضي عنك كتابك، وأتزوجك.

قالت: نعم

قال صلى الـلـه عليه وسلم : قد فعلت.

وخرج الخبر إلى الناس أن رسول الـلـه صلى الـلـه عليه وسلم تزوج جويرية بنت الحارث، فقالوا: أصهار رسول الـلـه يسترقون!

فعتق المسلمون ما كان في أيديهم من سبايا بني المصطلق، فقالت عائشة، رضي الـلـه عنها: لا نعلم امرأة كانت أعظم بركة على قومها من جويرية.

ويقال[1] لما انصرف رسول الـلـه صلى الـلـه عليه وسلم من غزوة بني المصطلق، ومعه جويرية بنت الحارث، دفع جويرية إلى رجل من الأنصار وديعة، وامره بالاحتفاظ بها، وقدم رسول الـلـه صلى الـلـه عليه وسلم المدينة.

فاقبل أبوها الحارث بن ابي ضرار بفداء ابنته، فلما كان بالعقيق[2]، نظر إلى الابل التي جاء بها للفداء، فرغب في بعيرين منها، فغيبهما في شِعب[3] من شعاب العقيق، ثم اتى إلى النبي صلى الـلـه عليه وسلم وقال:

- يا محمد، اصبتم ابنتي، وهذا فداؤها.

فقال رسول الـلـه صلى الـلـه عليه وسلم :

- فاين البعيران اللذان غيبتهما بالعقيق، في شعب كذا..؟

فقال الحارث: أشهد أن لا إله إلا الـلـه، وأنك محمد رسول الـلـه. فوالله ما اطلع على ذلك إلا الـلـه.

---

(١) السيرة النبوية لابن هشام جـ ٣،٣٠٨.

(٢) العقيق: موضع قرب المدينة.

(٣) الشعب: الوادي.

فأسلم الحارث، وأسلم ابنان له، وناس من قومه، وأرسل إلى البعيرين، فجاء بهما، فدفع الإبل إلى النبي صلى الله عليه وسلم ودفعت إليه ابنته جويرية، فأسلمت، وحسن إسلامها.

فخطبها رسول الله صلى الله عليه وسلم إلى أبيها، فزوجه إياها. وأصدقها أربع مئة درهم، وكانت قبله عند "مسافع بن صفوان المصطلقي"، قتل عنها يوم المريسيع.

قال الشعبي:

كانت جويرية- رضي الله عنها- من ملك يمين رسول الله صلى الله عليه وسلم ، فضرب عليها الحجاب، وكان يقسم لها كما كان يقسم لنسائه.

* وفاتها:

توفيت جويرية في المدينة، في شهر ربيع الأول سنة ست وخمسين، وقد بلغت سبعين سنة؛ لأنه صلى الله عليه وسلم تزوجها وهي بنت عشرين سنة.[١]

وقيل توفيت سنة خمسين وهي بنت خمس وستين سنة.

(١) نساء رسول الله صلى الله عليه وسلم ، ص ٦٢.

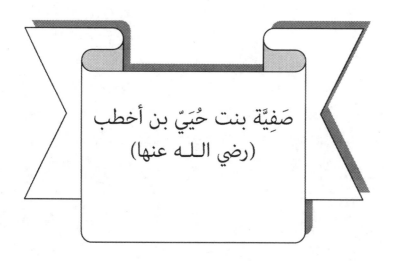

صَفِيَّة بنت حُيَيّ بن أخطب
(رضي الله عنها)

* نسبها:

هي صفية بنت حُيي بن أخطب، ينتهي نسبها إلى هارون أخي موسى عليه السلام.

كان أبوها سيد بني النضير، قتل مع بني قريظة. أما أمها فهي بَرّة بنت سموأل، أخت رفاعة بن سموأل، من بني قريظة، إخوة النضير.

* زواجها من النبي صلى الـلـه عليه وسلم :

بعد وقعة الخندق – التي كشفت عن حقد اليهود وتآمرهم على المسلمين – عزم الرسول صلى الـلـه عليه وسلم على معاقبة أولئك المتآمرين.

فخرج صلى الـلـه عليه وسلم في النصف الثاني من المحرم. من السنة السابعة للهجرة، إلى "خيبر"، وعندما صار على مقربة منها هتف:

"الـلـه أكبر، خربت خيبر، وهتف معه المسلمون..

وفتح الـلـه حصون خيبر، على ايدي المسلمين، وقتل رجالها، وسبيت نساؤها، وكان فيهن عقيلة بني النضير "صفية"، التي لم تكن قد تجاوزت السابعة عشرة من عمرها، وكانت قد تزوجت مرتين:

تزوجها اولا: "سلام بن مشكم"، ثم تزوجها "كنانة بن الربيع بن ابي الحُقَيْق"، صاحب حصن القموص، اقوى حصون خيبر.

فلما فتح المسلمون الحصن، قبض على "كنانة"، وجيء به حيّاً إلى رسول الـلـه صلى الـلـه عليه وسلم ، فسأله عن كنز بني النضير، فانكر انه يعرف موضعه، فقال له النبي صلى الـلـه عليه وسلم :

-"ارايت ان وجدناه عندك، أأقتلك؟"

قال: نعم.

فلما تبين ان مخبأ الكنز عنده، دفعه النبي صلى الـلـه عليه وسلم ، إلى "محمد بن سلمة"، فضرب عنقه بأخيه"محمود بن سلمة" الذي قتله اليهود في المعركة.

وسيقت نساء حصن القموص سبايا، وبينهن"صفية" وابنة عمها يقودهما بلال بن رباح، فمر بهما على قتلى من اليهود، فلما رأتهم ابنة عم صفية، صاحت، وصكت

وجهها، وحثت التراب على رأسها، فلما رآها رسول الـلـه صلى الـلـه عليه وسلم ،قال: اغربوا[1] عني هذه الشيطانة، وامر بصفية فحيزت خلفه، وألقى عليها رداءه، فعرف المسلمون ان رسول الـلـه صلى الـلـه عليه وسلم قد اصطفاها لنفسه.

وقد عاتب النبي صلى الـلـه عليه وسلم بلالا، لأنه مر بصفية وابنة عمها على قتلى رجالهما، فقال له:

— أَنُزِعَتْ منك الرحمة يا بلال؟

وكانت صفية قد رأت في المنام، بُعَيْد زواجها بكنانة بن الربيع، ان قمرا وقع في حجرها. فعرضت رؤياها على زوجها، فقال: ما هذا الا انك تتمنين ملك الحجاز محمداً، فلطم وجهها لطمة أخضر عينها منها، فاتي بها إلى رسول الـلـه صلى الـلـه عليه وسلم وبها اثر منه، فسألها ما هو؟ فأخبرته هذا الخبر.

ولما اعرس رسول الـلـه صلى الـلـه عليه وسلم بصفية، بخيبر أو ببعض الطريق، بعد ان جملتها ومشطتها واصلحت من امرها سليم بنت ملحان، بات بها رسول الـلـه صلى الـلـه عليه وسلم في قبة له، وبات أبو ايوب الأنصاري (خالد بن زيد، اخو بني النجار) متوشحا سيفه، يحرس رسول الـلـه صلى الـلـه عليه وسلم ، ويطيف بالقبة، حتى اصبح رسول الـلـه صلى الـلـه عليه وسلم . فلما رأى مكانه قال: يا ابا ايوب؟

قال: يا رسول الـلـه، خفت عليك من هذه المرأة، التي قتل أبوها وزوجها وقومها في المعركة، وكانت حديثة عهد بالكفر، فخفتها عليك.. فدعا له رسول الـلـه صلى الـلـه عليه وسلم قائلاً:

- اللهم احفظ ابا ايوب كما بات يحفظني..

* صفية، في بيت النبي صلى الـلـه عليه وسلم :

وبلغ الركب المدينة، فتسامعت نساء الأنصار بصفية، فجئن ينظرن إلى جمالها.

ولمح النبي صلى الـلـه عليه وسلم زوجته عائشة تخرج متنقبة على حذر، فتتبع خطواتها من بعيد، فرآها تدخل بيت حارثة بن النعمان.

وانتظر صلى الـلـه عليه وسلم حتى خرجت، فأدركها واخذ بثوبها وسألها ضاحكاً:

— "كيف رأيت يا شقيراء"؟

فأجفلت عائشة، وقد هاجت غيرتها، ثم هزت كتفها وهي تجيب:

---

(١) ابعدوا.

— "رأيت يهودية"!

فرد عليها الرسول صلى الـلـه عليه وسلم :

— " لا تقولي ذلك"، فإنها اسلمت"وحسن إسلامها""[١].

ولما انتقلت، صفية إلى دور النبي صلى الـلـه عليه وسلم ، واجهتها مشكلة محيرة؛ فقد كانت عائشة ومعها حفصة وسودة في جانب، والزوجات الأخريات في جانب اخر، تقف فيه فاطمة الزهراء، رضي الـلـه عنهن جميعاً.

فأظهرت استعدادها للانضمام إلى عائشة وحفصة، واهدت الزهراء حلية من ذهب، لتكسب ودّها.. الا انها سمعت من ضرتيها: عائشة وحفصة، ما كانت تكره سماعه، وهو التعريض بالدم اليهودي، الذي يجري في عروقها. فتضايقت، صفية وحدثت النبي صلى الـلـه عليه وسلم بذلك، وهي تبكي، فقال صلى الـلـه عليه وسلم :

- " الا قلت: وكيف تكونان خيرا مني، وزوجي محمد، وابي هارون وعمي موسى"؟

فسرت صفية بهذا الكلام.

وعندما ألم الوجع الذي توفي به رسول الـلـه صلى الـلـه عليه وسلم ، اجتمع اليه نساؤه، فقالت صفية، رضي الـلـه عنها:

- اما يا نبي الـلـه لوددت ان الذي بك بي.

فجعلت نساء النبي صلى الـلـه عليه وسلم يتغامزن ساخرات، فابصرهن صلى الـلـه عليه وسلم ، فقال: "مَضْمِضْنَ""[٢].

فقلن: من أي شيء يا رسول الـلـه؟

فقال النبي صلى الـلـه عليه وسلم :"تغامزكنّ بصاحبتكنّ، و الـلـه انها لصادقة""[٣].

* وفاتها:

ماتت صفية، رضي الـلـه عنها، في رمضان سنة خمسين، وقيل سنة اثنتين وخمسين، في خلافة معاوية بن ابي سفيان، ودفنت بالبقيع، مع امهات المؤمنين.

---

(١) نساء النبي، ص ١٨٩- الاصابة جـ٤ ،ص ٣٢٨.
(٢) أي: لا تقلن مثل هذا القول (اغسلن أفواهكنّ من هذا القول).
(٣) الاصابة جـ٤، ص ٣٢٩.

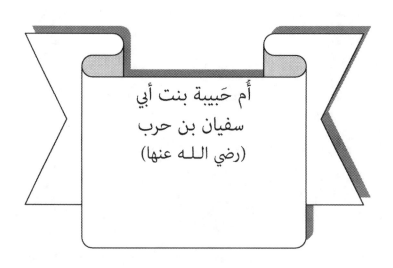

أُم حَبيبة بنت أبي سفيان بن حرب (رضي اللـه عنها)

* نسبها:

اسمها رَمْلَة (وكنيتها: أم حبيبة) بنت أبي سفيان، صخر بن حرب بن أمية بن عبد شمس.. فهي أموية قرشية.

اما امها فهي صفية بنت ابي العاص بن أمية، عمة عثمان بن عثمان، رضي الـلـه عنه.

* هجرتها إلى الحبشة:

هاجرت أم حبيبة مع زوجها عبيد الـلـه بن جحش إلى ارض الحبشة، في الهجرة الثانية، فولدت له هناك "حبيبة بنت عبيد الـلـه"، فكنيت بها[1].

لكنّ عبيد الـلـه تنصّر، وارتد عن الإسلام، ومات على ذلك، اما ام حبيبة رضي الـلـه عنها فقد ثبتت على دينها.

* زواجها من رسول الـلـه صلى الـلـه عليه وسلم :

بعد انقضاء عِدّة أم حبيبة، بعث رسول الـلـه صلى الـلـه عليه وسلم عمرو بن أمية الضمري، إلى النجاشي، ملك الحبشة، فخطب إليه أم حبيبة بنت أبي سفيان، فزوجها إياه، وأصدقها النجاشي من عنده عن رسول الـلـه صلى الـلـه عليه وسلم أربع مئة دينار.

فأرسلت أم حبيبة إلى خالد بن سعيد بن العاص بن أمية (وهو أقرب الناس إليها في الحبشة). فوكلته بتزويجها.

فلما كان العشي، أمر النجاشي جعفر بن أبي طالب ومن هناك من المسلمين، فحضروا، فخطبهم فقال[2].

الحمد لله الملك القدوس، السلام المؤمن المهيمن العزيز الجبار، أشهد أن لا إله إلا الـلـه، وان محمداً عبده ورسوله، وأنه الذي بشر به عيسى بن مريم.

أما بعد فإن رسول الـلـه كتب إليّ أن أزوجه أم حبيبة بنت أبي سفيان، فأجبت إلى ما دعا إليه رسول الـلـه وقد أصدقتها أربع مئة دينار.. وثم تكلم وكيلها خالد بن سعيد، فقال: الحمد لله، أحمده واستعينه واستغفره، وأشهد أن لا إله إلا الـلـه، وان محمداً

---

(١) ورد في الطبقات جـ٨، ص ٩٦، ان "حبيبة" ولدت بمكة قبل الهجرة.

(٢) موسوعة حياة الصحابة، ص ٣٧٧- الاصابة جـ٤ص ٢٩٩.

عبده ورسوله.. أما بعد، فقد أجبت إلى ما دعا إليه رسول اللـه وزوجته ام حبيبة، فبارك اللـه رسول اللـه، ودفع النجاشي الدنانير إلى خالد بن سعيد بن العاص فقبضها، ثم أرادوا أن يقوموا فقال: اجلسوا، فإن سنة الأنبياء إذا تزوجوا أن يؤكل طعام على التزويج، فدعا بطعام، فأكلوا وتفرقوا، وكان ذلك سنة سبع من الهجرة.

وجهزها النجاشي إلى الرسول صلى اللـه عليه وسلم ، وبعث بها مع شرحبيل بن حسنة إلى المدينة.

وكان لها يومذاك بضع وثلاثون سنة.

ولما بلغ أبا سفيان بن حرب نكاح النبي صلى اللـه عليه وسلم ابنته، قال:

ذلك الفحل لا يقرع أنفه[1]، يعني أنه كفء كريم لا يرد.

* من دخل دار ابي سفيان فهو آمن:

تناهى إلى المسلمين ان قريشا نقضت عهد الحديبية، وشاع الخبر في أرجاء الجزيرة، ولاحت نذر الخطر في مكة، فاجتمع قادتها يتشاورون في امر محمد، الذي يوشك ان ينقض عليهم، وقد صاروا يهابونه، ويحسبون له الف حساب.

ثم استقر رأيهم على أن يوفدوا رسولاً منهم إلى المدينة، يفاوض محمداً صلى اللـه عليه وسلم في تجديد الهدنة، ومدّ أجلها عشر سنين.. فاختاروا لذلك أبا سفيان بن حرب.

وخرج أبو سفيان -مكرهاً- يريد المدينة، فلما بلغها أشفق من لقاء "محمد"، فقصد ابنته (أم حبيبة) وفوجئت هي به يدخل بيتها.. وتقدم ليجلس على الفراش، فما راعه إلا ابنته رملة، التي اختطفت الفراش وطوته عنه!!

فقال لها: "أطويته يا بنية رغبة بي عن الفراش، أم رغبة بالفراش عني؟".

فقالت: "هو فراش رسول اللـه صلى اللـه عليه وسلم ، وأنت امرؤ مشرك نجس، فلم أحب أن تجلس عليه"!

قال: " لقد اصابك يا بنية بعدي شر".

قالت: " بل هداني اللـه إلى الإسلام".

ثم خرج من عندها، وذهب إلى ابي بكر، فتوسل به إلى الرسول صلى اللـه عليه وسلم لكنه رفض.

_____

(١) وفي رواية اخرى: "لا يُجدع انفه".

ثم ذهب إلى عمر بن الخطاب، فرفض ايضا.

ثم اتجه إلى علي بن ابي طالب، فقال له:

"ويحك يا ابا سفيان، و الـلـه لقد عزم رسول الـلـه صلى الـلـه عليه وسلم على امر ما نستطيع ان نكلمه فيه".

ولما سدت الطرق في وجهه، انطلق عائدا إلى مكة، لا يلوي على شيء، وحدث قومه بما رأى.

واما ام حبيبة فقد كانت تدعو الـلـه ان يهدي اباها إلى الاسلام، وتلت ما نزل من آي الكتاب الكريم، حين تزوجها رسول الـلـه صلى الـلـه عليه وسلم :

(عَسَى اللَّهُ أَنْ يَجْعَلَ بَيْنَكُمْ وَبَيْنَ الَّذِينَ عَادَيْتُمْ مِنْهُمْ مَوَدَّةً وَا اللَّهُ قَدِيرٌ وَا اللَّهُ غَفُورٌ رَحِيمٌ) (الممتحنة:٧)

فالتمس " العباس بن عبد المطلب" من النبي صلى الـلـه عليه وسلم ان يكرم الرجل بشيء يرضي كبرياءه، فأجاب عليه السلام:

"نعم. من دخل دار ابي سفيان فهو آمن، ومن اغلق بابه فهو آمن، ومن دخل المسجد الحرام فهو آمن"[1]

وفرحت ام حبيبة، رضي الـلـه عنها، بإسلام ابيها، وشعرت كأن حملا ثقيلا قد ازيح عن كاهلها.

* وفاتها:

توفيت- رضي الـلـه عنها- سنة اربع واربعين من الهجرة، ودفنت بالبقيع، في المدينة المنورة.

(١) حدث هذا بعد فتح مكة.

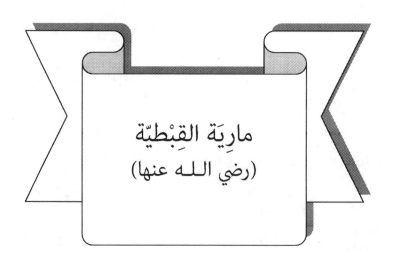

مارِيَة القِبْطيّة
(رضي اللـه عنها)

* اسمها ومولدها:

هي مارية بنت شمعون القبطية، أم إبراهيم، ولد نبينا محمد صلوات اللـه وسلامه عليه.

لم تحظ بلقب أم المؤمنين، لكنها حظيت بشرف أمومتها لإبراهيم، وحظيت بشرف الصحبة[١].

ولدت في بلدة (حفن) القريبة من (انصنا) الواقعة على الضفة الشرقية للنيل تجاه الأشمونين، بصعيد مصر.

أما أمها فهي نصرانية رومية.

انتقلت مارية مع أختها سيرين[٢]، إلى قصر (المقوقس) عظيم القبط، في مطلع شبابها الباكر..

* دعوة المقوقس إلى الإسلام:

بعث النبي صلى اللـه عليه وسلم برسالة إلى المقوقس ملك مصر، مع "حاطب بن أبي بلتعة"، هذا نصها:

(بسم اللـه الرحمن الرحيم

"من محمد بن عبد اللـه، إلى المقوقس عظيم القبط، سلام على من اتبع الهدى أما بعد، فإني أدعوك بدعاية الإسلام، أسلم تسلم، يؤتك اللـه أجرك مرتين، فإن توليت فإنما عليك إثم القبط.

" يا أهل الكتاب تعالوا إلى كلمة سواء بيننا وبينكم الا نعبد إلا اللـه ولا نشرك به شيئاً، ولا يتخذ بعضنا بعضاً أرباباً من دون اللـه ، فإن تولوا فقولوا اشهدوا بأنا مسلمون").

قرأ المقوقس الكتاب في عناية وتوقير، ثم التفت إلى "حاطب" واخذ يساله عن

---

(١) نساء النبي صلى اللـه عليه وسلم ، ص ٢١٤.

(٢) وقيل شيرين (بالشين).

النبي صلى اللـه عليه وسلم ، وعن أوصافه..

ولما انتهى "حاطب" من حديثه، قال له المقوقس:

قد كنت اظن ان نبيا سيخرج في الشام- فهناك مخرج الانبياء- فأراه قد خرج من ارض العرب..

ولم يعلن إسلامه، خوفا على ضياع ملكه.. ولكنه بعث مع حاطب: بجاريتين (وهما مارية وأختها سيرين)، وعبد خصي، يقال له مأبور: (قيل بأنه أخو الجاريتين، وقيل بل ابن عمهما)، وألف مثقال ذهبا، وعشرين ثوبا لينا من نسيج مصر، وبعث كذلك، ببغلته الشهباء (دلدل) وحماره عفير (أو: يعفور)، وبعسل من بنها، وببعض العود والند والمسك.

وارسل المقوقس مع الهدايا رده الآتي:

"اما بعد، فقد قرأت كتابك، وفهمت من ذكرت فيه وما تعدو اليه، وقد علمت ان نبيا قد بقي، وكنت اظن انه يخرج بالشام..

وقد اكرمت رسولك، وبعثت لك بجاريتين، لهما مكان من القبط عظيم، وبكسوة، ومطية لتركبها، والسلام عليك".

وكان ذلك في سنة سبع من الهجرة النبوية، بعد عودة النبي صلى اللـه عليه وسلم من الحديبية، اثر عقد الهدنة مع قريش.

* مارية مع النبي صلى اللـه عليه وسلم :

عاد "حاطب" بكتاب المقوقس، وهديته، فأعجب النبي صلى اللـه عليه وسلم بمارية، واتخذها سُرِّيَّة[1]، ووهب اختها سيرين للشاعر حسان بن ثابت الانصاري.

وانزلها النبي صلى اللـه عليه وسلم بمنزل الحارثة بن النعمان، قرب المسجد، ولم تقم في دوره صلى اللـه عليه وسلم الملحقة بالمسجد.

---

(١) السرية: الجارية المملوكة، وجمعها: السراري.

وكان الرسول صلى الـلـه عليه وسلم يكثر من زيارتها، والمكوث عندها.

وحملت مارية بإبراهيم، وسرعان ما سرت البشرى في انحاء المدينة المنورة ان النبي صلى الـلـه عليه وسلم ينتظر مولودا له من مارية القبطية.

ثم ولد ابراهيم صلى الـلـه عليه وسلم وفرح به ابوه، وفرحت كذلك خالته سيرين.

وروي ان مارية عندما ولدت إبراهيم قال صلى الـلـه عليه وسلم :

"اعتقها ولدها".

فلما كان يوم سابع المولود، عَقَّ عنه صلى الـلـه عليه وسلم بكبش، وحلق رأسه أبو هند وسماه صلى الـلـه عليه وسلم يومئذ، وتصدق بوزن شعره على المساكين فضة، دفنوا شعره في الأرض، واختار صلى الـلـه عليه وسلم مرضع ولده، وجعل في حيازتها سبعا من الماعز، كي ترضعه بلبنها اذا شح ثديها.

واخذ النبي صلى الـلـه عليه وسلم يرقب نمو ابراهيم يوما بعد يوم، وهو فرح مسرور، وتشاركه مارية ذلك الفرح والسرور.

* غيرة:

لكن مارية (ام ابراهيم)، لم تنج من غيرة ضرائرها.

قالت عائشة: رضي الـلـه عنها[1]:

"ما غرت على امرأة الا دون ما غرت على مارية، وذلك أنها كانت جميلة جعدة، فاعجب بها رسول الـلـه صلى الـلـه عليه وسلم .

وكان أنزلها أول ما قدم بها في بيت الحارثة بن النعمان الأنصاري، فكانت جارتنا، فكان عامة الليل والنهار عندها.. فجزعت فحولها إلى العالية[2]، وكان يختلف اليها هناك، فكان ذلك أشد علينا، ثم رزقها الـلـه الولد وحرمنا منه".

وروي انه صلى الـلـه عليه وسلم خلا بمارية في بيت حفصة، فخرج صلى الـلـه عليه وسلم وهي قاعدة على بابه، فقالت: يا رسول الـلـه، افي بيتي ويومي؟!

---

(١) الاصابة، جـ٤، ص ٣٩١- الطبقات جـ ص١٨٧.

(٢) مكان في المدينة

فقال صلى الـلـه عليه وسلم : "هي علي حرام، فامسكي عني"

قالت: لا افعل حتى تحلف.

فقال:" و الـلـه لا امسها ولا أقربها ابدا"

فنزلت:

" (**قَدْ فَرَضَ** الـلـه **لَكُمْ تَحِلَّةَ أَيْمَانِكُمْ**)(التحريم: من الآية٢)

* وفاة ابراهيم:

مرض إبراهيم، قبل بلوغه العامين[1]، فجزع أبواه، وجزعت خالته.. ثم انطفأت جذوة الحياة فيه، فحمله النبي صلى الـلـه عليه وسلم ووضعه في حجره، وقال في أسى:

"إنا يا إبراهيم لا نغني عنك من الـلـه شيئا" ثم انهمرت الدموع من عينيه، ثم قال: " يا ابراهيم، لولا انه امر حق، ووعد صدق، وأن آخرنا سيلحق بأولنا، لحزنا عليك حزنا هو أشد من هذا. وإنا بك يا إبراهيم لمحزونون، تبكي العين ، ويحزن القلب، ولا نقول ما يسخط الرب "[2].

كانت وفاة إبراهيم في شهر ربيع الاول سنة عشر، في بني مازن، عند مرضعه ام بردة، وغسلته هي، وحمل إلى بيتها على سرير صغير، وصلى عليه رسول الـلـه صلى الـلـه عليه وسلم بالبقيع، ودفنه هناك، ورش عليه الماء، وقال:"ان له مرضعة في الجنة"[3].

* وفاة مارية:

توفيت- رضي الـلـه عنها- في المحرم سنة ست عشرة من الهجرة، فرئي عمر بن الخطاب رضي الـلـه عنه، يحشد الناس لشهودها، وصلى عليها، وقبرها بالبقيع.

---

(١) قيل: كان عمره ستة عشر شهراً.

(٢) الاستيعاب جـ١، ص ٢٤.

(٣) الاستيعاب جـ١، ص ٢٥.

وروي عنه صلى الـله عليه وسلم انه قال (إكراما لمارية):"استوصوا بالقبط خيرا، ان لهم ذمة".

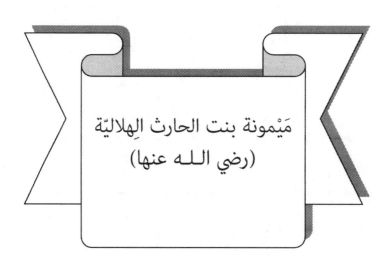

مَيْمونة بنت الحارث الِهلاليّة
(رضي اللـه عنها)

* نسبها:

هـي ميمونة بنت الحارث بن حزن بن بجير، العامرية الهلالية.. ينتهي نسبها إلى قيس عيلان بن مضر.

اما أمها فهي هند بنت عوف بن زهير بن الحارث الكنانية، وامها هي التي كان يقال فيها:"اكرم عجوز في الأرض اصهاراً"

أصهارها: رسول الـلـه صلى الـلـه عليه وسلم ، وابو بكر الصديق، رضي الـلـه عنه، وحمزة والعباس ابنا عبد المطلب، رضي الـلـه عنهما، وجعفر وعلي ابنا ابي طالب، رضي الـلـه عنهما. وكان لها اصهار آخرون، لهم مكانة رفيعة في قومهم، هم:

الوليد بن المغيرة المخزومي، وأبّي بن خلف الجمحي، وزياد بن عبد الـلـه بن مالك الهلالي.

* زواجها قبل النبي صلى الـلـه عليه وسلم :

كانت برة بنت الحارث (ميمونة) قد تزوجت من مسعود بن عمرو بن عمير الثقفي، في الجاهلية، ثم فارقها، فخلف عليها:

أبو رهم بن عبد العزى العامري، فتوفي عنها، وهي في سن السادسة والعشرين من عمرها.

* زواجها من النبي صلى الـلـه عليه وسلم :

رغبت (برة) في الزواج من الرسول صلى الـلـه عليه وسلم ، وهمست بذلك لأختها أم الفضل زوجة العباس بن عبد المطلب.

ونقلت أم الفضل رغبة أختها(برة) إلى العباس، رضي الـلـه عنه، فما كان منه الا ان نقل الرسالة إلى الرسول صلى الـلـه عليه وسلم .

فانزل الـلـه عز وجل على نبيه الكريم:

(وَامْرَأَةً مُؤْمِنَةً إِنْ وَهَبَتْ نَفْسَهَا لِلنَّبِيِّ إِنْ أَرَادَ النَّبِيُّ أَنْ يَسْتَنْكِحَهَا خَالِصَةً لَكَ مِنْ دُونِ الْمُؤْمِنِينَ قَدْ عَلِمْنَا مَا فَرَضْنَا عَلَيْهِمْ فِي أَزْوَاجِهِمْ وَمَا مَلَكَتْ أَيْمَانُهُمْ لِكَيْلا يَكُونَ عَلَيْكَ حَرَجٌ وَكَانَ اللَّهُ غَفُوراً رَحِيماً)(الأحزاب: من الآية٥٠).

وعاد العباس، رضي الـلـه عنه، منشرح الصدر مسرورا، يحمل البشرى إلى اخت زوجته، التي غمرتها الفرحة عندما علمت بموافقته عليه السلام.

كان ذلك في اثناء عمرة القضاء، في السنة السابعة من الهجرة، واصدقها النبي صلى الـلـه عليه وسلم اربع مئة درهم، وبعث ابن عمه جعفر (زوج أختها اسماء) يخطبها، وانكحه اياها عمه العباس، ولياً عنها.

وكانت الايام الثلاثة التي نص عليها عهد الحديبية قد قاربت نهايتها، فود عليه الصلاة والسلام لو يمهله المكيون ريثما يتم الزواج، فيكسب بهذا الإمهال مزيدا من الوقت، ليمكن للاسلام هناك، لكنهم ابوا؛ فلما جاءه رسولا قريش يطلبان اليه ان يخرج، قال:

"ما عليكم[1] لو تركتموني فأعرست بين أظهركم، وصنعنا لكم طعاما، فحضرتموه؟!".

لكنهما اجابا في جفاء:" لا حاجة لنا في طعامك ، فاخرج عنا".

وخرج النبي صلى الـلـه عليه وسلم مع اصحابه، من مكة، وفاء بالعهد الذي قطعه على نفسه، وفي قلوب المسلمين لوعة وحزن، وخلف مولاه ابا رافع بمكة: ليلحق به في صحبة (برة).

وفي "شرف"، قرب التنعيم، جاءت برة، يصحبها مولى النبي عليه الصلاة والسلام.

وهناك بنى بها[2] صلى الـلـه عليه وسلم في شوال من سنة سبع، وقيل في ذي القعدة ، ثم عاد بها إلى المدينة المنورة.

وسماها (ميمونة)، مستوحيا ذلك من المناسبة الميمونة المباركة التي دخل فيها ام القرى، بعد غيابه عنها سبع سنين.

* ميمونة في بيت النبي صلى الـلـه عليه وسلم :

دخلت السيدة ميمونة بنت الحارث- رضي الـلـه عنها- بيت النبي صلى الـلـه عليه وسلم واصبحت من امهات المؤمنين، الطاهرات المسلمات، فلم تدخل الغيرة إلى قلبها؛ فلا يذكر مؤرخو الاسلام، وكتاب السيرة حادثة خصومة بينها وبين ضرائرها.

---

(١) الخطاب موجه لاهل مكة.

(٢)تزوجها.

وانما صح في الحديث انه صلى اللـه عليه وسلم كان في بيتها حين اشتد به الوجع في مرض الموت، فرضيت ان ينتقل ليُمرّض حيث احب، في بيت عائشة.

* روايتها لحديث الرسول صلى اللـه عليه وسلم ، وصلاحها:

حدثت السيدة ميمونة بنت الحارث، رضي اللـه عنها، عن النبي صلى اللـه عليه وسلم ، ستة واربعين حديثا[1]. وقد حدث عنها ابن عباس، وابن اختها عبد اللـه بن شداد، وابن اختها الاخر، يزيد بن الأصم.

وكانت ميمونة- رضي اله عنها- تقتدي بسنة زوجها النبي، عليه السلام، وكان سواكها منقعا في ماء، ان شغلها عمل أو صلاة، والا أخذته فاستاكت به.

وكانت- رضي اللـه عنها- ورعة تقية؛ فقد سمعها ابن عباس، وهو يقود بعيرها- في اثناء ذهابها إلى الحج- تكبر وتهلل، حتى رمت جمرة العقبة.

* وفاتها:

اختلف في تاريخ وفاتها، رضي اللـه عنها- فقيل توفيت سنة احدى وستين من الهجرة، في خلافة يزيد بن معاوية، وهي اخر من مات من ازواجه صلى اللـه عليه وسلم ، وكان لها يوم توفيت احدى وثمانون سنة. وقيل توفيت سنة ثلاث وستين، وقيل سنة ست وستين، وقيل سنة احدى وخمسين، ودفنت في "شرف" حيث بنى بها النبي صلى اللـه عليه وسلم .

قال يزيد بن الاصم: "تلقيت عائشة من مكة، انا وابن لطلحة من اختها، وقد كنا وقفنا على حائط[2] من حيطان المدينة، فأصبنا منه، فبلغها ذلك، فأقبلت حينئذ على ابن اختها تلومه وتعذله، ثم اقبلت عليّ فوعظتني موعظة بليغة، ثم قالت: اما علمت ان اللـه تعالى ساقك حتى جعلك في بيت نبيه صلى اللـه عليه وسلم ، ذهبت و اللـه، ميمونة، ورمي بحبلك على غاربك[3]. "اما انها كانت و اللـه من اتقانا لله، وأوصانا للرحم".

فهذا يدل على انها ماتت في حياة عائشة، رضي اللـه عنهما، وعن أمهات المؤمنين جميعاً".

---

(١) لا يتسع المجال- هنا- لذكر الأحاديث التي روتها. ويمكن الرجوع إلى كتب الحديث المعروفة،

(٢) الحائط هو البستان.

(٣) كناية عن عدم التقييد والالتزام.

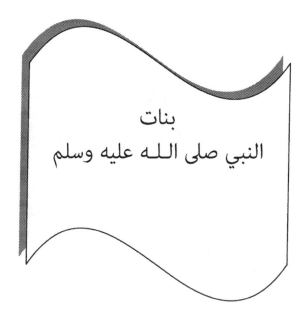

بنات
النبي صلى الله عليه وسلم

١. زينب بنت النبي صلى الله عليه وسلم.

٢. رقية بنت النبي صلى الله عليه وسلم.

٣. أم كلثوم بنت النبي صلى الله عليه وسلم.

٤. فاطمة الزهراء بنت النبي صلى الله عليه وسلم.

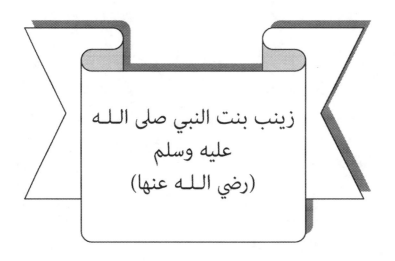

زينب بنت النبي صلى الله عليه وسلم
(رضي الله عنها)

ولدت السيدة زينب بنت رسول الله صلى الله عليه وسلم في مكة قبل بعثة النبي صلى الله عليه وسلم سنة ثلاثين من مولد النبي صلى الله عليه وسلم وهي أكبر بناته صلى الله عليه وسلم .

* زواجها:

كان أبو العاص بن الربيع من رجال مكة المعدودين مالاً وأمانة وتجارة. وهو ابن هالة بنت خويلد – أخت خديجة زوج النبي صلى الله عليه وسلم - وكانت خديجة – رضي الله عنها- خالته. فسألت خديجة رسول الله صلى الله عليه وسلم أن يزوجه زينب. وكان رسول الله صلى الله عليه وسلم لا يخالفها، وذلك قبل بعثته صلى الله عليه وسلم فزوجه، فكانت خديجة تعده بمنزلة ولدها. فلما أكرم الله عز وجل رسول الله صلى الله عليه وسلم بنبوته، آمنت به خديجة وبناته. فصدقته، وشهدت أن ما جاء به هو الحق، ودون دينه وثبت أبو العاص على شركه.[١]

وحاولت قريش أن تضغط على أبي العاص ليطلق زينب ويردها إلى أبيها. فقالوا له: فارق صاحبتك، ونحن نزوجك أي امرأة من قريش شئت، فقال: لا و الله إني لا أفارق صاحبتي، وما أحب أن لي بامرأتي امرأة من قريش.

وكان الإسلام قد فرق بين زينب بنت رسول الله صلى الله عليه وسلم حين أسلمت، وبين أبي العاص بن الربيع، إلا أن رسول الله صلى الله عليه وسلم كان لا يقدر على أن يفرق بينهما، فأقامت معه على إسلامها وهو على شركه، حتى هاجر رسول الله صلى الله عليه وسلم .

*معركة بدر وأسر أبي العاص :

إن أبا العاص بن الربيع كان فيمن شهد بدراً مع المشركين فأسره عبد الله بن جبير بن النعمان الأنصاري، فلما بعث أهل مكة في فداء أسراهم قدم في فداء أبي العاص أخوه عمرو بن الربيع وبعثت معه زينب بنت رسول الله -وهي يومئذٍ بمكة – بقلادة لها كانت لخديجة بنت خويلد من جذع ظفار[٢].

وكانت خديجة بنت خويلد أدخلتها بتلك القلادة على أبي العاص بن الربيع حين بنى بها.

---

(١) ابن هشام – السيرة النبوية (٢/٢٩٦)

(٢) ظفار: جبل باليمن.

فبعثت بها في فداء زوجها أبي العاص، فلما رأى رسول اللـه صلى اللـه عليه وسلم القلادة عرفها ورق لها وذكر خديجة وترحم عليها وقال:

"ان رأيتم أن تطلقوا لها أسيرها وتردوا لها متاعها فعلتم"

فقالوا: نعم يا رسول اللـه، فأطلقوا أبا العاص بن الربيع وردوا على زينب قلادتها واخذ النبي صلى اللـه عليه وسلم على أبي العاص أن يخلي سبيلها إليه فوعده ذلك ففعل.[1]

*خروج زينب إلى المدينة:

كان أبو العاص قد وعد رسول اللـه صلى اللـه عليه وسلم قبل إطلاق سراحه - أن يخلي سبيل زينب إليه – فلما خرج أبو العاص إلى مكة، وخلي سبيله، بعث رسول اللـه صلى اللـه عليه وسلم زيد بن حارثة ورجلاً من الأنصار. فقال: كونا ببطن يأجج، حتى تمر بكما زينب، فتصحباها حتى تأتياني بها. فخرجا، وذلك بعد بدر بشهر تقريبـاً، فلما قدم أبو العاص مكة، أمرها باللحاق بأبيها، فأخذت تعد نفسها لهذا الأمر، فرأتها هند بنت عتبة فأدركت مرادها، لكنها أرادت أن تستوثق من الأمر. فقالت لها: أي ابنة عمي، ألم يبلغني إنك تريدين اللحاق بأبيك؟ فأنكرت زينب ذلك، فتابعت هند كلامها قائلة: ان كانت لك حاجة بمتاع مما يرفق بك في سفرك، أو بمال تتبلغين به إلى أبيك فلا تستريبي مني..

تقول زينب: فأنكرت أن أكون أريد ذلك، وتجهزت فلما فرغت زينب من جهازها، قدم لها حموها كنانة بن الربيع، أخو زوجها، بعيراً فركبته، وأخذ قوسه وكنانته، ثم خرج بها نهاراً يقود بها، وهي في هودج لها. وعلمت قريش بذلك، فخرج رجال منها في طلبها حتى أدركوها بذي طوى، وكان هبار بن الأسود أول من سبق إليها، فروعّها بالرمح، وهي في هودجها، وكانت المرأة حاملاً فيما يزعمون، فلما روعت طرحت الذي بطنها، وبرك حموها كنانة، ونثر كنانته، ثم قال:

و اللـه لا يدنو مني رجل إلا وضعت فيه سهماً، فتأخر الناس عنه.

وأتى أبو سفيان في حلة من قريش، فقال: أيها الرجل كف عنا بتلك حتى نكلمك، فكف، فأقبل أبو سفيان حتى وقف عليه.

---

(١) ابن سعد- الطبقات-٣١/٨٠.

فقال: إنك لم تصب، خرجت بالمرأة على رؤوس الناس علانية من محمد، فيظن الناس إذا أخرجت ابنته إليه علانية على رؤوس الناس من بين أظهرنا أن ذلك على ذل أصابنا عن مصيبتنا التي كانت، وان ذلك منا ضعف ووهن، ولعمري مالنا بحبسها عن أبيها من حاجة، ولكن ارجع بالمرأة حتى إذا هدأت الأصوات وتحدث الناس أن قد رددناها فسلها سراً وألحقها بأبيها.

فأقامت ليالي، حتى إذا هدأت الأصوات خرج بها ليلاً حتى أسلمها إلى زيد بن حارثة وصاحبه، فقدما بها على رسول الله صلى الله عليه وسلم .

وقال أبو خيثمة، هذه الأبيات حين استقبال زينب بنت رسول الله صلى الله عليه وسلم بالمدينة.

أتاني الذي لا يقدر الناس قدره ... لزينب فيهم من عقوق ومأثم
وإخراجها لم يخز فيها محمد ... على مأقط وبيننا عطر منشم
وأمسى أبو سفيان من حلف ضمضم ... ومن حربنا في رغم أنف ومندم
قرنا ابنة عمر ومولى يمينه ... بذي حلق جلد الصلاصل محكم
فأقسمت لا تنفك منا كتائب ... سراة خميس في لهام مسوم
نزوع قريش الكفر حتى نعلها ... بخاطمة فوق الأنوف بميسم
تنزلهم أكناف نجد ونخله ... وان يتهموا بالخيل والرجل نتهم
يد الدهر حتى لا يعوج سربنا ... ونلحقهم أثار عادٍ وجرهم
ويندم قوم لم يطيعوا محمداً ... على أمرهم وأي حين تندم
فأبلغ أبا سفيان أما لقيته ... لئن أنت لم تخلص سجوداً وتسلم
فأبشر بخزي في الحياة معجل ... وسربال قار خالد في جهنم

وعن أبي هريرة رضي الله عنه ، قال: بعث رسول الله صلى الله عليه وسلم سرية أنا فيها فقال لنا "إن ظفرتم بهبار بن الأسود أو الرجل الآخر الذي سيق معه إلى زينب فحرقوهما بالنار".

قال: فلما كان الغد بعث إلينا فقال "إني كنت أمرتكم بتحريق هذين الرجلين إن أخذتموهما، ثم رأيت أنه لا ينبغي لأحد أن يعذب بالنار إلا الـلـه فإن ظفرتم بهما فاقتلوهما".

والحديث أخرجه سعيد بن منصور، ان هبار بن الأسود، أصاب زينب بنت رسول الـلـه صلى الـلـه عليه وسلم بشيء وهي في خدرها فأسقطت، فبعث رسول الـلـه صلى الـلـه عليه وسلم سرية فقال: "إن وجدتموه فاجعلوه بين حزمتي حطب، ثم أشعلوا فيه النار". ثم قال: إني لأستحي من الـلـه، لا ينبغي لأحد ان يعذب بعذاب الـلـه ".

وقال: "إن وجدتموه فاقطعوا يده، ثم اقطعوا رجله، ثم اقطعوا يده، ثم اقطعوا رجله".

فلم تصبه السرية ولكنه أسلم فيما بعد وانتقل إلى المدينة، فأتى النبي صلى الـلـه عليه وسلم فقيل له:

هذا هبار يسُب ولا يُسَب، وكان رجلاً سباباً، فجاءه النبي صلى الـلـه عليه وسلم يمشي حتى وقف عليه، فقال:

"يا هبار سب من سبك، يا هبار سب من سبك".

قال الحافظ بعد أن ذكره، وهذا مرسل، وفيه وهم في قوله هاجر إلى المدينة، فإنه أسلم في الجعرانة، وذلك بعد فتح مكة، ولا هجرة بعد الفتح، والصواب ما قاله الزبير بن بكار. ان هباراً لما أسلم وقدم المدينة، جعلوا يسبونه! فذكر ذلك لرسول الـلـه صلى الـلـه عليه وسلم فقال: "سب من سبك" فانتهوا عنه.

وأما صفة إسلامه، فأخرجها الواقدي من طريق سعيد بن محمد بن جبير بن مطعم عن أبيه عن جده، قال:

كنت جالساً مع رسول الـلـه صلى الـلـه عليه وسلم منصرفاً من الجعرانة. فاطلع هبار بن الأسود من باب رسول الـلـه صلى الـلـه عليه وسلم فقالوا: يا رسول الـلـه، هبار بن الأسود! قال (عليه السلام): "قد رأيته".

فأراد رجل من القوم أن يقوم، فأشار النبي صلى الـلـه عليه وسلم إليه: أن اجلس.

فوقف هبار، فقال: السلام عليك يا نبي الـلـه. أشهد أن لا إله إلا الـلـه، وأشهد أن محمداً رسول الـلـه. ولقد هربت منك في البلاد، وأردت اللحاق بالأعاجم، ثم ذكرت عائدتك، وصلتك وصفحك عمن جهل عليك. وكنا يا نبي الـلـه أهل شرك، فهدانا الـلـه بك، وأنقذنا من المهلك. فاصفح عن جهلي، وعما كان يبلغك عني، فإني مقر بسوء فعلي، معترف بذنبي.

فقال رسول الـلـه صلى الـلـه عليه وسلم : "قد عفوت عنك، وقد أحسن الـلـه إليك حيث هداك إلى الإسلام، والإسلام يَجُبّ ما قبله".

*إسلام أبي العاص:

خرج أبو العاص بن الربيع إلى الشام في عير لقريش وبلغ رسول الـلـه صلى الـلـه عليه وسلم ، أن تلك العير قد أقبلت من الشام فبعث زيد بن حارثة في سبعين ومائة راكب فلقوا العير ناحية العيص في جمادى الأولى سنة ست من الهجرة فأخذوها وما فيها من الأثقال وأسروا ناساً ممن كان في العير، منهم أبو العاص بن الربيع.

فلم يعد ان جاء المدينة فدخل على زينب بنت رسول الـلـه صلى الـلـه عليه وسلم بسحر وهي امرأته فاستجارها فأجارته، فلما وصل رسول الـلـه صلى الـلـه عليه وسلم الفجر قامت على بابها فنادت بأعلى صوتها: إني قد أجرت أبا العاص بن الربيع.

فقال رسول الـلـه: "أيها الناس هل سمعتم ما سمعت؟ قالوا: نعم. قال: فوالذي نفسي بيده ما علمت بشيء مما كان حتى سمعت الذي سمعتم. المؤمنون يد على من سواهم يجير عليهم أدناهم وقد أجرنا من أجارت".

فلما انصرف النبي صلى الـلـه عليه وسلم إلى منزله دخلت عليه زينب فسألته أن يرد على أبي العاص ما أخذ منه ففعل، وأمرها أن لا يقربها فإنها لا تحل له ما دام مشركاً.

ورجع أبو العاص إلى مكة فأدى إلى كل ذي حق حقه ثم أسلم ورجع إلى النبي صلى الـلـه عليه وسلم مسلماً مهاجراً في المحرم سنة سبع من الهجرة، فرد عليه رسول الـلـه صلى الـلـه عليه وسلم زينب بذلك النكاح الأول.[1]

---

(١) المصدر نفسه(٣٣/٨).

وقال الحافظ، كانت زينب بنت رسول اللـه صلى اللـه عليه وسلم تحت أبي العاص بن الربيع، فهاجرت، وأبو العاص على دينه. فاتفق أنه خرج إلى الشام في تجارة. فلما كان يقرب المدينة، أراد بعض المسلمين أن يخرجوا إليه فيأخذوا ما معه. ويقتلوه، فبلغ ذلك زينب، فقالت.

يا رسول اللـه: أليس عقد المسلمين وعهدهم واحد؟

قال صلى اللـه عليه وسلم : "نعم".

قالت: فاشهدا أني أجرت أبا العاص.

فلما رأى ذلك أصحاب رسول اللـه صلى اللـه عليه وسلم خرجوا إليه عزلاً بغير سلاح. فقالوا له:

يا أبا العاص، إنك في شرف من قريش، وأنت ابن عم رسول اللـه صلى اللـه عليه وسلم وصهره. فهل لك أن تسلم فتغنم ما معك من أموال أهل مكة؟

قال: بئس ما أمرتموني به أن أنسخ ديني بغدر.

فمضى حتى قدم مكة، فدفع إلى كل ذي حق حقه. ثم قام فقال:

يا أهل مكة، أوفيت ذمتي؟

قالوا: اللهم نعم.

فقال: فإني أشهد أن لا إله إلا اللـه، وأن محمداً رسول اللـه.

ثم قدم المدينة مهاجراً، فدفع إليه رسول اللـه صلى اللـه عليه وسلم زوجته بالنكاح الأول. قال الحافظ: هذا مع صحة سنده.

وكان ثمرة زواج زينب من أبي العاص علياً، وأمامة، أما علي فمات صغيراً، وأما أمامة- فتزوجها علي بن أبي طالب بعد وفاة خالتها الزهراء، ثم تزوجت أمامة بعد وفاة علي - المغيرة بن نوفل بن الحارث بن عبد المطلب-، وأقامت معه حتى ماتت، من غير خلف.

*وفاتهـا:

توفيت زينب رضي اللـه عنها في أول سنة ثمانٍ من الهجرة، فغسلتها أم أيمن، وسوده بنت زمعة وأم سلمة، وقد أوصاهن رسول اللـه صلى اللـه عليه وسلم فقال:

اغسلنها وتراً، ثلاثاً أو خمساً، واجعلن في الخامسة كافوراً أو شيئاً من كافور وإذا غسلتنها فاعلمنني.

فلما غسلنها أعلمنه، فأعطاهن صفوة، وقال: أشعرنها إياه. ثم أنهن ضفرن شعرها ثلاثة قرون، ناحيتها وقرينها. وألقينه خلفها.

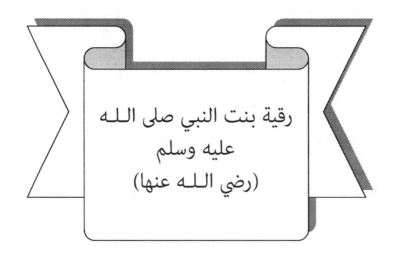

رقية بنت النبي صلى الله
عليه وسلم
(رضي الله عنها)

ولدت رقية بنت رسول الله صلى الله عليه وسلم ، وأمها خديجة - رضي الله عنهما - بمكة- وقد ذكر أن رقية ولدت ورسول الله صلى الله عليه وسلم ابن ثلاث وثلاثين سنة[1].

كانت رقية تحت عتبة بن أبي لهب، وكانت أختها أم كلثوم تحت عتيبة بن أبي لهب. فلما نزلت: (تَبَّتْ يَدَا أَبِي لَهَبٍ وَتَبَّ) (المسد:١).

قال لهما أبوهما أبو لهب وأمهما حمالة الحطب:

فارقا ابنتي محمد. وقال أبو لهب: رأسي من رأسكما حرام إن لم تفارقا ابنتي محمد، ففارقاهما.

ففارقها عتبة ولم يكن دخل بها. ولقد عانت من اضطهاد حمالة الحطب كثيراً.

*زواجها من عثمان (رضي الله عنهما):

كانت رقية بنت رسول الله صلى الله عليه وسلم عند عتبة بن أبي لهب ففارقها، فتزوج عثمان بن عفان - رضي الله عنه - رقية بمكة. وهاجرت معه إلى أرض الحبشة فولدت له عبد الله، به كان يكنى. وقدمت معه المدينة. وتخلف عن بدر عليها بإذن رسول الله صلى الله عليه وسلم وضرب له رسول الله صلى الله عليه وسلم مع أهل بدر سهمين.

قال: وأجري يا رسول الله؟

قال: "وأجرك".

وكان عثمان يكنى في الجاهلية أبا عبد الله، فلما كان الإسلام وولد له من رقية بنت رسول الله صلى الله عليه وسلم غلام سماه عبد الله، واكتنى به، فبلغ الغلام ست سنين. فنقر عينه ديك. فتورم وجهه ومرض ومات.

وقد توفي عبد الله بن عثمان بن رقية بنت رسول الله صلى الله عليه وسلم في جمادى الأولى سنة أربع من الهجرة. وهو ابن ست سنين. وصلى عليه رسول الله ونزل في حفرته أبوه عثمان رضي الله عنهما.

---

(١) ابن عبد البر- الاستيعاب - (٣٩٨/٤).

ويروى أن عثمان خرج برقية إلى الحبشة مهاجراً فاحتبس خبرهما فأتت امرأة وأخبرت النبي صلى الـلـه عليه وسلم بأنها رأتهما. فقال صلى الـلـه عليه وسلم :

"منحهما الـلـه. ان عثمان أول من هاجر بأهله". يعني من هذه الأمة.

وكان عثمان بن عفان (رضي الـلـه عنه) لا يوقظ نائماً من أهله، إلا أن يجده يقظان فيدعوه فيناوله وضوءه، وكان يصوم الدهر.

وجاء من أوجه متواترة أن رسول الـلـه صلى الـلـه عليه وسلم بشره بالجنة. وعده من أهل الجنة وشهد له بالشهادة.

وعن أبي المقدام مولى عثمان قال: بعث النبي صلى الـلـه عليه وسلم مع رجل بالطائف إلى عثمان فاحتبس الرجل فقال له النبي صلى الـلـه عليه وسلم :"ما حبسك؟ ألا كنت تنظر إلى عثمان ورقية تعجب من حسنهما".

وبعد وفاة عبد الـلـه بن عثمان (رضي الـلـه عنهما)، لم تحتمل رقية بنت رسول الـلـه صلى الـلـه عليه وسلم هذه الصدمة العنيفة فبكته كثيراً وحزن الرسول صلى الـلـه عليه وسلم على حفيده وسقطت الأم المسكينة صريعة الحمى وعجز جسمها النحيل عن مقاومة المرض وبقي عثمان (رضي الـلـه عنه) إلى جوارها يخفف عنها آلامها. فلم يتمكن من المشاركة في معركة بدر، التي كانت تدور رحاها آنذاك.

*وفـاتهـا:

تخلف عثمان وأسامة بن زيد عن بدر، وكان تخلف عثمان على امرأته رقية بنت رسول الـلـه صلى الـلـه عليه وسلم فبينما هم يدفنونها سمع عثمان تكبيراً.

فقال: يا أسامة ما هذا التكبير؟

فنظروا فإذا زيد بن حارثة على ناقة رسول الـلـه صلى الـلـه عليه وسلم الجدعاء، بشيراً بمقتل أهل بـدر من المشركين. وأن رقية -رضي الـلـه عنها- أسلمت روحها الطاهرة في الوقت الذي انطلقت فيه صيحات الفرح من المسلمين، لإحرازهم النصر المؤزر. ودفنت

رضي الله عنها - في المدينة وكانت في ريعان الشباب وعمرها حوالي عشرين سنة رحمها الله تعالى.

أم كلثوم بنت النبي صلى الله عليه وسلم (رضي الله عنها)

أمها خديجة بنت خويلد بن أسد بن عبد العزّى بن قصي. تزوج أم كلثوم بنت رسول الله صلى الله عليه وسلم عُتيبة بن أبي لهب، فلم يَبِن بها حتى بعث النبي صلى الله عليه وسلم ، وكانت رقية عند أخيه عُتبة بن أبي لهب.

فلما أنزل الله عز وجل: (**تَبَّتْ يَدَا أَبِي لَهَبٍ وَتَبَّ**) (المسد:١)

قال أبو لهب لابنيه عُتيبة وعتبة: رأسي في رأسكما حرام ان لم تُطَلِقا ابنتي محمد.

وقالت أمهما بنت حرب بن أمية، وهي حمالة الحطب: طلقاهما يا بني، فإنهما قد صبأتا فطلقاهما.

ولما طلق عُتيبة أم كلثوم، جاء إلى النبي صلى الله عليه وسلم حيث فارق أم كلثوم، فقال: كفرت بدينك، وفارقت ابنتك، لا تحبني ولا أحبك.

ثم سطا عليه فشق قميص النبي صلى الله عليه وسلم فقال له النبي صلى الله عليه وسلم (أما إني أسأل الله، أن يسلط عليك كلبة).

فخرج في تجر من قريش حتى نزلوا بمكان من الشام يقال له - الزرقاء- ليلاً فطاف بهم الأسد في تلك الليلة، فجعل عُتيبة يقول: يا ويل أمي، هو و الله آكلي ما دعا علي محمد قاتلي وهو بمكة، وأنا بالشام! فعدا عليه الأسد من بين القوم فقتله.

سافرت أختها رقية إلى الحبشة مع زوجها عثمان، وبقيت أم كلثوم مع أختها الصغرى فاطمة وأمها البارة. إبان الاضطهاد القاسي، الذي كان يكابده الرسول صلى الله عليه وسلم من كفار قريش.

لقد تحملت أم كلثوم وفاطمة وولداهما من الثلة المسلمة وطأة الحصار القاتل، الذي فرضته عليهم قريش، في شعب أبي طالب.

وقد مرضت في ذلك الوقت السيدة خديجة (رضي الله عنها)، واشتد بها المرض، ولما انتهى الحصار، أسلمت روحها الطاهرة إلى بارئها، قبيل دخول ابنتها رقية البيت، بعد عودتها من الحبشة، مع زوجها عثمان، ثم هاجرت أم كلثوم مع والدها

رسول الله صلى الله عليه وسلم إلى المدينة المنورة، ومضى عليها عامان في دار الهجرة، شهدت خلالهما مزيجاً من الأفراح والأحزان، فقد شهدت فرحة المسلمين بانتصارهم في غزوة بدر، كما شهدت موت شقيقتها الحبيبة رقية.

تزوج عثمان بن عفان أم كلثوم، على مثل صداق رقية، ولذلك لقب بذي النورين. وكان ذلك في شهر ربيع الأول سنة ثلاث من الهجرة، وأدخلت عليه في هذه السنة في جمادى الآخر[١].

وكان عثمان إذ توفيت رقية قد عرض عليه عمر بن الخطاب حفصة ابنته ليتزوجها. فسكت عثمان عنه لأنه قد كان سمع رسول الله صلى الله عليه وسلم يذكرها.[٢]

وروى سعيد بن المسيب أن النبي صلى الله عليه وسلم ، رأى عثمان بعد وفاة رقية مهموماً لهفان. فقال له: مالي أراك مهموماً؟

فقال: يا رسول الله، وهل دخل على أحد ما دخل علي؟ ماتت ابنة رسول الله صلى الله عليه وسلم ، التي كانت عندي، وانقطع ظهري، وانقطع الصهر بيني وبينك.

فبينما هو يحاوره إذ قال النبي صلى الله عليه وسلم يا عثمان، هذا جبريل -عليه السلام- يأمرني عن الله عز وجل أن أزوجك أختها أم كلثوم، على مثل صداقها وعلى مثل عشرتها. فزوّجَه إياها.

وتوفيت أم كلثوم -رضي الله عنها - ولم تلد لعثمان شيئاً. وكان نكاحه لها في ربيع الأول، وبنى عليها في جمادى الآخرة من السنة الثالثة من الهجرة، وتوفيت في سنة تسع من الهجرة، وصلى عليها أبوها رسول الله صلى الله عليه وسلم ونزل في حفرتها عليّ والفضل، وأسامة بن زيد رضي الله عنهم جميعاً.

وقد روي أن أبا طلحة الأنصاري استأذن رسول الله صلى الله عليه وسلم أن ينزل معهم في

(١) ابن سعد- الطبقات الكبرى- (٣٨/٣٧/٨).
(٢) ابن عبد البر- الاستيعاب- (٥٠٧/٤)

قبرها، فأذن له. وغسلتها أسماء بنت عُميس، وصفية بنت عبد المطلب[1].

---

(١) المصدر نفسه -(٤/٥٠٧-٥٠٨).

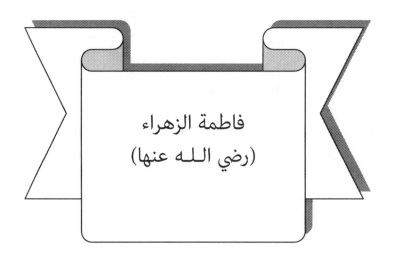

فاطمة الزهراء
(رضي الله عنها)

هي فاطمة بنت رسول الـلـه صلى الـلـه عليه وسلم ، سيدة نساء العالمين في زمانها، والجهة المصطفوية بنت سيد الخلق رسول الـلـه صلى الـلـه عليه وسلم أبي القاسم محمد بن عبد الـلـه بن عبد المطلب ابن هاشم بن عبد مناف القرشية الهاشمية. أمها خديجة بنت خويلد بن أسد بن عبد العزى بن قصي[١].

ولدت وقريش تبني البيت، وذلك قبل النبوة بخمس سنين[٢].

قال ابن عبد البر: والذي تسكن إليه النفس على ما تواترت به الأخبار في ترتيب بنات الرسول صلى الـلـه عليه وسلم أن زينب الأولى، ثم الثانية رقية، ثم الثالثة أم كلثوم ثم الرابعة فاطمة الزهراء[٣].

وعندما بلغت فاطمة الخامسة من عمرها نزل الوحي على أبيها، وبدأت مسيرة الإسلام من البيت الذي هي عضو من أعضائه وأصبحت الزهراء مسلمة وهي في هذا السن الصغير، وواكبت مسيرة الإسلام منذ أيامه الأولى.

كانت الزهراء مقربة إلى أبيها وكانت أشبه الناس به حتى كناها المسلمون: أم أبيها.

لقد مرت بها حوادث قاسية، وهي ما تزال طفلة صغيرة، فقد رأت أباها، وهو يسجد لله -عز وجل - بجوار الكعبة، فيلقي عدو الـلـه (عقبة بن أبي معيط) على ظهره وهو ساجد، أمعاء منتنة فيستمر - عليه السلام - في صلاته، وتتقدم الطفلة فترفع ما ألقي على ظهر أبيها، وهي متألمة حزينة[٤].

*زواجها من علي بن أبي طالب - كرم الـلـه وجهه- :

إن أبا بكر خطب فاطمة إلى النبي صلى الـلـه عليه وسلم فقال: "يا أبا بكر انتظر بها القضاء فذكر ذلك ابو بكر لعمر.

فقال له عمر: ردَك يا أبا بكر.

(١) الذهبي- سير اعلام النبلاء(١١٨/٠٢).
(٢) ابن سعد- الطبقات (١٩/٨).
(٣) ابن عبد البر- الاستيعاب (٤٤٨/٤).
(٤) ابن سعد - الطبقات (١٩/٨).

ثم إن أبا بكر قال لعمر: اخطب فاطمة إلى النبي صلى الـلـه عليه وسلم فخطبها فقال له مثل ما قال لأبي بكر "انتظر بها القضاء"، فجاء عُمر إلى ابي بكر فأخبره فقال له: ردك يا عمر.

وكانت فاطمة رفيعة المقام في نفسها وبين المسلمات من جنسها وبين المسلمين عامة، وهي أولاً وأخيراً رفيعة المقام عند أبيها رسول رب العالمين.

ثم إن أهل علي قالوا لعلي: أخطب فاطمة إلى رسول الـلـه صلى الـلـه عليه وسلم فقال: بعد أبي بكر وعمر؟ فذكروا له قرابته من النبي صلى الـلـه عليه وسلم فخطبها فزوجه النبي صلى الـلـه عليه وسلم فباع علي بعيراً له وبعض متاعه فبلغ أربعمائة وثمانين.

فقال له النبي صلى الـلـه عليه وسلم :"اجعل ثلثين في الطيب وثلثاً في المتاع ".

ولما أراد علي أن يبني بها، قال له النبي صلى الـلـه عليه وسلم قدم شيئا، قال: ما أجد شيئا، قال عليه السلام: فأين درعك الخطمية التي كنت منحتك.

قال: عندي، قال: اصدقها إياها، فأصدقها وتزوجها.

وروي أن نفراً من الأنصار قالوا لعلي: عندك فاطمة، فأتى رسول الـلـه صلى الـلـه عليه وسلم فسلم عليه، فقال صلى الـلـه عليه وسلم : "ما حاجة ابن أبي طالب" ؟

قال: يا رسول الـلـه ذكرت فاطمة بنت رسول الـلـه صلى الـلـه عليه وسلم فقال: "مرحبا وأهلا" لم يزد عليها، فخرج علي بن أبي طالب على أولئك الرهط من الأنصار ينتظرونه، فقالوا: ما ورائك؟

قال: ما أدري غير أنه قال لي: "مرحبا وأهلاً ".

قالـوا: يكفيك من رسول الـلـه صلى الـلـه عليه وسلم إحداهما، أعطاك الأهل والمرحب.

فلما كان بعدما زوجه قال : " يا علي إنه لابد للعروس من وليمة.

قال سعد: عندي كبش، وجمع له من الأنصار أصواعا من ذرة، فلما كانت ليلة البناء قال:لا تحدث شيئاً حتى تلقاني؟ فدعا رسول الـلـه صلى الـلـه عليه وسلم بماء فتوضأ منه ثم أفرغه عليّ فقال: "اللهم بارك فيهما وبارك لهما في بنائهما ".وقد جاء عند ابن سعد: "اللهم بارك فيهما وبارك عليهما وبارك لهما في نسلهما"[1].

---

(١) المصدر نفسه(٨/٢١).

عن أسماء بنت عميس قالت: كنت في زفاف فاطمة رضي الله عنها - بنت رسول الله صلى الله عليه وسلم فلما أصبحت جاء النبي صلى الله عليه وسلم فضرب الباب فقامت إليه أم أيمن ففتحت له الباب، فقال لها: " يا أم أيمن ادعي لي أخي ".

فقالت: أخوك هو - أي كلمة يمانية- وتنكحه ابنتك؟

قال: " يا أم أيمن ادعي لي "فسمعت النساء صوت النبي صلى الله عليه وسلم فتحشمن[1] فجلس في ناحية، ثم جاء علي -رضي الله عنه - فدعا له، ثم نضح عليه من الماء ثم قال: "ادعو لي فاطمة " فجاءت وهي عرقة من الحياء، فقال: "اسكني فقد أنكحتك أحب أهل بيتي إلي "ودعا لها دعاء بماء فنضحه عليها.

ثم خرج فرأى سواداً ! فقال : "من هذا "؟

قالت : أسماء.

قال: "ابنة عميس " ؟

قلت: نعم.

قال : أكنت في زفاف بنت رسول الله صلى الله عليه وسلم تكرمينه؟

قلت : نعم - فدعا لي[2].

وقيل إن علي بن أبي طالب تزوج فاطمة بنت رسول الله صلى الله عليه وسلم ، في رجب بعد مقدم النبي صلى الله عليه وسلم المدينة بخمس أشهر وبنى بها بعد مرجعه من بدر، وفاطمة يوم بنى بها علي بنت ثماني عشرة سنة[3].

لما قدم رسول الله صلى الله عليه وسلم المدينة نزل على أبي أيوب سنة أو نحوها، فلما تزوج علي فاطمة قال لعلي: " اطلب منزلا ".

فطلب علي منزلا فأصابه مستأخراً عن النبي صلى الله عليه وسلم قليلاً فبنى بها فيه فجاء النبي صلى الله عليه وسلم إليها فقال : " اني أريد أن أحولك إلي" فقالت لرسول الله: فكلم حارثة بن النعمان أن يتحول عني.

---

(١) فتحشمن: أي فتفرقن.

(٢) الهيثمي- مجمع الزوائد (٩/١٥٢١٦).

(٣) ابن سعد- الطبقات(٢٨/٨).

فقال رسول اللـه :

" قد تحول حارثة عنا حتى قد استحييت منه ".

فبلغ ذلك حارثة فتحول وجاء إلى النبي صلى اللـه عليه وسلم فقال: يا رسول اللـه إنه بلغني أنك تحول فاطمة إليك، وهذه منازلي وهي أسقب[١] بيوت بني النجار بك، وإنما أنا ومالي لله ولرسوله، و اللـه يا رسول اللـه المال الذي تأخذ مني أحب إلي من الذي تدع، فقال رسول اللـه صلى اللـه عليه وسلم :"صدقت بارك اللـه عليك " فحولها رسول اللـه إلى بيت حارثة[٢]. وولدت فاطمة لعلي: الحسن، والحسين، وأم كلثوم، وزينب، ولم يتزوج علي غيرها حتى ماتت.

وزاد ابن إسحاق في أولاد فاطمة من علي: مُحسنا، قال : ومات صغيراً. وزاد الليث بن سعد : رقية، قال: وماتت ولم تبلغ.

وروى ابن سعد، عن علي أن رسول اللـه صلى اللـه عليه وسلم لما زوجه فاطمة بعث معها بخملة ووسادة وأدم حشوها ليف ورياحين[٣] وسقاء وجرتين، قال: فقال علي لفاطمة ذات يوم: و اللـه لقد سنوت[٤] حتى قد اشتكيت صدري وقد جاء اللـه أباك بسبي فاذهبي فاستخدميه.

فقالت: وأنا و اللـه قد طحنت حتى حجلت يداي، فأتت النبي صلى اللـه عليه وسلم فقال: " ما جاء بك يا بنية "؟

قالت: استحييت أن أسأله.

فأتياه جميعا فقال علي: و اللـه يا رسول اللـه لقد سنوت حتى اشتكيت صدري،

وقالت فاطمة: قد طحنت حتى مجلت يداي وقد أتى اللـه بسبي وسعه فاخدمنا.

قال: "و اللـه لا أعطيكما وأدع أهل الصفة تطوى بطونهم لا أجد ما انفق عليهم

---

(١) اسقب - أي اقرب.

(٢) ابن سعد- الطبقات (٢٣/٢٢/٨).

(٣) الرحى: حجر الطاحون. الزبيدي- (تاج العروس)- (١٩/١٧).

(٤) سنوت: أي استقيت الماء، والسواقي: جمع ساقية وهي الناقة التي يستقى عليها وكان علي - رضي اللـه عنه - يستقي الماء من البئر مكان الناقة.

ولكني أبيعهم وانفق عليهم أثمانهم "

فرجعا فأتاهما النبي صلى الـلـه عليه وسلم وقد دخلا في قطيعتهما إذ غطيا رؤوسهما تكشفت أقدامهما وإذا غطيا أقدامهما تكشفت رؤوسهما فثارا، فقال النبي صلى الـلـه عليه وسلم : "مكانكما، إلا أخبركما بخير مما سألتماني "؟

فقالا: بلى، فقال: كلمات علمنيهن جبريل: "تسبحان الـلـه في دبر كل صلاة عشراً وتحمدان عشراً وتكبران عشراً، وإذا أويتما إلى فراشكما فسبحا ثلاثاً وثلاثين، واحمدا ثلاثا وثلاثين وكبرا أربعا وثلاثين". قال علي: فوالله ما تركتهن منذ علمنيهن رسول الـلـه صلى الـلـه عليه وسلم .

* فضلها ومقامها بين نساء الأمة :

عن السيدة عائشة – رضي الـلـه عنها - قالت : اجتمع نساء النبي صلى الـلـه عليه وسلم فلم يغادر منهن امرأة، فجاءت فاطمة تمشي كأن مشيتها مشية رسول الـلـه صلى الـلـه عليه وسلم فقال : "مرحبا يا بنيتي" فأجلسها عن يمينه أو عن شماله، ثم أنه أسر إليها حديثاً فبكت فاطمة، ثم أنه سارها فضحكت أيضاً.

فقلت لها : ما يبكيك؟

فقالت : ما كنت لأفشي سر رسول الـلـه صلى الـلـه عليه وسلم .

فقلت: ما رأيت كاليوم فرحا أقرب من حزن، فقلت لها حين بكت، أخصك رسول الـلـه صلى الـلـه عليه وسلم بحديثه دوننا ثم تبكين؟ وسألتها عما قال.

فقالت : ما كنت لأفشي سر رسول الـلـه صلى الـلـه عليه وسلم حتى إذا قبض سألتها فقالت: إنه كان حدثني "إن جبريل كان يعارضه بالقرآن كل عام مرة، وإنه عارضه به في العام مرتين، ولا أراني إلا قد حضر أجلي وإنك أول أهلي لحوقا بي، ونعم السلف أنا لك" فبكيت لذلك.

ثم إنه سارني فقال: "ألا ترضين أن تكوني سيدة نساء المؤمنين، أو سيدة نساء هذه الأمة ؟ " فضحكت لذلك.

وعن السيدة عائشة – رضي الـلـه عنها – قالت: ما رأيت أحدا أشبه برسول الـلـه صلى الـلـه عليه وسلم في قيامها وقعودها، من فاطمة بنت رسول الـلـه صلى الـلـه عليه وسلم .

قالت: وكانت إذا دخلت على النبي صلى الـلـه عليه وسلم قام إليها فقبلها وأجلسها في مجلسه، وكان النبي صلى الـلـه عليه وسلم إذا دخل عليها قامت من مجلسها فقبلته، وأجلسته في مجلسها..

فلما مرض النبي صلى الـلـه عليه وسلم دخلت فاطمة فانكبت عليه فقبلّته، ثم رفعت رأسها فبكت، ثم انكبت عليه ثم رفعت رأسها فضحكت.

فقلت: إن كنت لأظن أن هذه من أعقل نسائنا، فإذا هي من النساء.

فلما توفي النبي صلى الـلـه عليه وسلم قلت لها: " أرأيت حين أكببت على النبي صلى الـلـه عليه وسلم فرفعت رأسك فبكيت ثم أكببت عليه فرفعت رأسك فضحكت، ما حملك على ذلك؟

قالت: أخبرني أنه ميت من وجعه هذا فبكيت، ثم أخبرني أني أسرع أهله لحوقاً به، فذاك حين ضحكت.

ولما مات قالت: يا أبتاه، أجاب: رباه دعاهُ، يا أبتاه من جنة الفردوس مأواه يا أبتاه إلى جبريل ننعاه.

ويروى أن قريشاً أهمتهم المرأة المخزومية التي سرقت فقالوا: من يكلم رسول الـلـه صلى الـلـه عليه وسلم ومن يجترى عليه إلا أسامة حبُ رسول الـلـه صلى الـلـه عليه وسلم ؟ فكلم رسول الـلـه صلى الـلـه عليه وسلم فقال: "أتشفع في حد من حدود الـلـه؟ " ثم قام فخطب فقال:

"يا أيها الناس إنما أضل من كان قبلكم، أنهم كانوا إذا سرق الشريف تركوه، وإذا سرق الضعيف أقاموا عليه الحد، وأيم الـلـه لو أن فاطمة بنت محمد سرقت لقطع محمد يدها".

وأما المرأة المخزومية، فهي فاطمة بنت الأسود بن عبد الأسد بن عبد الـلـه بن عمرو بن مخزوم، وهي بنت أخي أبي سلمة بن عبد الأسد الصحابي الجليل، الذي كان زوج أم سلمة رضي الـلـه عنها قبل النبي صلى الـلـه عليه وسلم قتل ابوها كافرا يوم بدر، قتله حمزة بن عبد المطلب وهي التي قطع رسول الـلـه صلى الـلـه عليه وسلم يدها لأنها سرقت حُليا[١].

وإنما خص رسول الـلـه صلى الـلـه عليه وسلم فاطمة ابنته بالذكر لأنها أعز أهله عنده، ولأنه لم يبق من بناته حينئذ غيرها، فأراد المبالغة في إتيان إقامة الحد على كل مكلف

---

(١) ابن عبد البر- الاستيعاب- (٤٤٦/٤)- الحافظ- فتح الباري- (٤٤٧/٧)

وترك المحاباة في ذلك، لأن اسم السارقة وافق اسمها عليها السلام فتناسب أن يضرب المثل بها، وقال الليث بن سعد: أعاذها الله -عز وجل - أن تسرق يريد فاطمة بنت النبي صلى الله عليه وسلم وكل مسلم ينبغي له ان يقول ذلك.

وقد كان النبي صلى الله عليه وسلم يحبها ويكرمها ويسر إليها ومناقبها غزيرة وكانت صابرة، خيرة قانعة شاكرة لله[1]. وقد روت عن أبيها صلى الله عليه وسلم وروى عنها ابنها الحسن وعائشة وأم سلمة وأنس بن مالك وغيرهم وروايتها في الكتب والسنة.

وروي عنها أنها قالت: كان رسول الله صلى الله عليه وسلم إذا دخل المسجد قال: " بسم الله والسلام على رسول الله، اللهم اغفر لي ذنوبي، وافتح لي أبواب رحمتك". وإذا خرج قال : "بسم الله، والسلام على رسول الله، اللهم اغفر لي ذنوبي، وافتح لي أبواب فضلك ".

*وفاتها:

قالت سلمى، خادم رسول الله صلى الله عليه وسلم : مرضت فاطمة بنت رسول الله، فلما كان اليوم الذي توفيت فيه قالت لي:

يا أمة، اسكبي لي غسلاً، فسكبت لها، فاغتسلت كأحسن ما كانت تغتسل، ثم قالت: ائتني بثيابي الجدد، فأتيتها بها، فلبستها، ثم قالت اجعلي فراشي وسط البيت، فجعلته، فاضطجعت عليه، واستقبلت القبلة، ثم قالت لي، يا أمة إني مقبوضة الساعة، وقد اغتسلت، فلا يكشفن لي كنفاً. قالت: فماتت- فجاء عليّ فأخبرته، فقال: لا و الله لا يكشف لها أحد كنفاً، فاحتملها فدفنها بغسلها ذلك.

توفيت الزهراء- رضي الله عنها- ليلة الثلاثاء، لثلاث خلون من شهر رمضان، سنة إحدى عشر، وهي ابنة تسع وعشرون سنة أو نحوها[2].

وصلى عليها العباس بن عبد المطلب وعلي والفضل بن عباس رضي الله عنهم جميعاً، ودفنت ليلا بالبقيع. وهكذا كانت فاطمة أول أهل بيت رسول الله صلى الله عليه وسلم لحوقا به، كما بشرها الحبيب المصطفى - عليه الصلاة والسلام-.

---

(١) الذهبي- سير اعلام النبلاء (١١٩/٢).
(٢) ابن سعد – الطبقات(٢٨/٨).

صحابيات كريمات

١. أسماء بنت أبي بكر الصديق.	١٧. أم سليم.
٢. أسماء بنت عميس.	١٨. أم عطية الأنصارية.
٣. أسماء بنت مخربة.	١٩. أم عمارة.
٤. اسماء بنت يزيد.	٢٠. أم سحجة الأنصارية.
٥. أمامة بنت أبي العاص.	٢١. أم كلثوم بنت عقبة.
٦. أمامة بنت حمزة.	٢٢. أم كلثوم بنت علي.
٧. أمامة بنت الحارث.	٢٣. أم مبشر.
٨. آمنة بنت الأرقم المخزومية.	٢٤. أم معبد الخزاعية.
٩. أمية بنت قيس الغفارية.	٢٥. أم هاني.
١٠. أمية (أم أبي هريرة).	٢٦. أم ورقة بنت عبد اللـه.
١١. أمية بنت رقيقة.	٢٧. بريرة.
١٢. أم أيمن.	٢٨. تماضر.
١٣. أم حرام.	٢٩. جميلة بنت أبي الأنصاري.
١٤. أم حكيم بنت وداع.	٣٠. حليمة السعدية.
١٥. أم خالد بنت خالد بن سعيد.	٣١. حمنة.
١٦. أم رومان.	٣٢. حواء (أم بجيد).

صحابيات كريمات

٣٣. خليدة.	٥٠. عفراء بنت عبيد الأنصارية.
٣٤. خولة بنت ثعلبة.	٥١. غزية بنت جابر العامرية.
٣٥. خولة بنت المنذر الأنصارية	٥٢. فاطمة بنت أسد.
٣٦. رفيدة بنت كعب الأسلمية.	٥٣. فاطمة بنت الخطاب.
٣٧. رقيقة الثقفية.	٥٤. فاطمة بنت قيس.
٣٨. ريحانه.	٥٥. فاطمة بنت الوليد.
٣٩. زينب بنت حنظلة.	٥٦. الفريعة بنت مالك.
٤٠. سعاد بنت سلمة.	٥٧. الفريعة بنت وهب الزهرية.
٤١. سفانة.	٥٨. قيلة بنت مخرمة التميمية.
٤٢. سلمى بنت عميس.	٥٩.لبابة الكبرى.
٤٣. سلمى بنت قيس.	٦٠.ليلى بنت أبي حثمة.
٤٤. سمية بنت خباط.	٦١.ليلى بنت الخطيم.
٤٥. الشفاء بنت عبد الـلـه العدوية.	٦٢.ميمونة بنت كردم.
٤٦. الشفاء بنت عوف الزهرية.	٦٣.نفيسة بنت أمية التميمية.
٤٧. الشيماء.	٦٤.النوار بنت مالك الأنصارية.
٤٨. ضباعة بنت الزبير.	٦٥.هنيدة بنت صعصعة.
٤٩. عاتكة بنت عبد المطلب.	

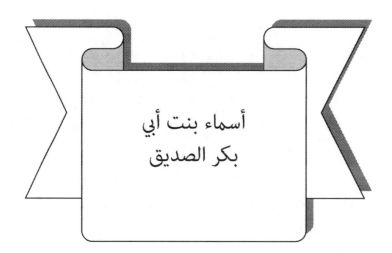

أسماء بنت أبي
بكر الصديق

* أسماء بنت أبي بكر:

وأبو بكر هو ابن أبي قحافة، واسمه: عثمان بن عامر بن عمرو بن كعب بن سعد بن تيم. وأم أسماء هي: قتيلة بنت عبد العزى بن أسعد بن جابر بن مالك بن حسل ابن عامر بن لؤي.

كان لها موقف مشهود يوم الهجرة حيث عملت على كتمان نبأ هجرة الرسول صلى الله عليه وسلم مما عرضها لسخط وعقوبة أبو جهل. وثم هيأت احتياجات سفرة الرسول صلى الله عليه وسلم ولم تجد ما تشد به فشقت نطاقها نصفين جعلت واحداً لسفرة الرسول صلى الله عليه وسلم والآخر عصاماً لقربته. فأطلق عليها الرسول صلى الله عليه وسلم لقب (ذات النطاقين).

تزوجها الزبير بن العوام بن خويلد، فولدت له عبد الله، وعروة والمنذر، وعاصماً، والمهاجر، وخديجة الكبرى، وأم الحسن، قالت أسماء: تزوجني الزبير، وما له في الأرض مال ولا مملوك ولا شيء غير فرسه. فكنت أعلف فرسه وأكفيه مؤونته وأدق النوى لناضحه، وأعلفه وأسقيه الماء، وأعجن، وكنت أنقل النوى من أرض الزبير التي أقطعه إياها رسول الله صلى الله عليه وسلم على رأسي، وهي على بعد ثلثي فرسخ.

وتابعت أسماء قولها: فجئت يوماً والنوى على رأسي، فلقيت رسول الله صلى الله عليه وسلم ومعه نفر من أصحابه، فدعا لي، ثم قال: إخ إخ، ليحملني خلفه، فاستحييت أن أسير مع الرجال، وذكرت الزبير وغيرته. قالت: وكان من أغير الناس. فعرف رسول الله صلى الله عليه وسلم أني قد استحييت فمضى.

فجئت الزبير فقلت: لقيني رسول الله صلى الله عليه وسلم وعلى رأسي النوى، ومعه نفر من أصحابه، فأناخ لأركب معه، فاستحييت، وعرفت غيرتك، فقال: و الله تحملك النوى كان أشد علي من ركوبك معه، قالت: حتى أرسل إلي أبو بكر بعد ذلك بخادمة، فكفتني سياسية الفرس فكأنما أعتقني.

وواضح من هذه الرواية، ومن روايات أخرى: ان الزبير بن العوام كان شديداً على أسماء. فشكت ذلك يوماً إلى أبيها، فقال:

يا بنية، اصبري، فإن المرأة إذا كان لها زوج صالح ثم مات عنها. فلم تتزوج بعده جمع بينهما في الجنة.

وقد طلق الزبير أسماء، وقد اختلفوا في سبب طلاقها، فقيل: كانت قد أسنت، وولدت للزبير عبد الـلـه وعروة والمنذر، وقيل أن الزبير ضربها، فصاحت بابنها عبد الـلـه، فأقبل إليها، فلما رآه أبوه قال: أمك طالق إن دخلت، فقال عبد الـلـه: أتجعل أمي عرضة ليمينك؟ فدخل، فخلصها منه، فبانت منه.

وكانت معروفة بعقلها وعزة نفسها وقوة إرادتها وحسن إيمانها وقد وفدت عليها أمها -(قتيلة بنت عبد العزى) وكان أبو بكر قد طلقها في الجاهلية- بهدايا فأبت أن تقبل هديتها أو تدخلها إلى بيتها، وأرسلت إلى عائشة: سلي رسول الـلـه صلى الـلـه عليه وسلم ، فقال: لتدخلها، ولتقبل هديتها. وأنزل الـلـه سبحانه وتعالى:(**إِنَّمَا يَنْهَاكُمُ اللَّهُ عَنِ الَّذِينَ قَاتَلُوكُمْ فِي الدِّين..... فَأُولَئِكَ هُمُ الظَّالِمُونَ**) (الممتحنة:٩)

وكانت أسماء ذات جود وكرم وكانت تقول لأهلها: أنفقوا ولا تنتظروا الفضل فإنكم إن انتظرتم الفضل لم تفضلوا منه شيئاً وان تصدقتم لم تجـدوا فقره، وبلغت من العمر المائة عام حتى خلافة ولدها عبد الـلـه بن الزبير في الحجاز وقد حاصرته جيوش الشام في مكة المكرمة. فدخل عليها وهي عجوز عمياء فقال لها: يا أماه ما ترين! ولقد خذلني الناس، وخذلني أهل بيتي. فقالت:

لا يلعبن بك صبيان بني أمية، عش كريماً، ومت كريماً. و الـلـه إني لأرجو أن يكون عزائي فيك حسناً، بعد أن تقدمتني أو تقدمتك، فإن في نفسي منك حرجاً، حتى أنظر إلى ما يصير إليه أمرك. ثم قالت: اللهم ارحم طول ذاك النحيب والظمأ في هواجر المدينة، وبره بأمه. اللهم إني قد سلمت فيه لأمرك، ورضيت فيه

بقضائك فأثبني في عبد الـلـه ثواب الشاكرين. فرد عليها وقال: يا أماه، لا تدعي الدعاء لي قبل قتلي ولا بعده. قالت لن أدعه لله، فمن قتل على باطل، فقد قتلت على حق، فخرج.

وقيل، قال عبد الـلـه لأمه: إن هذا قد أمنني (يعني الحجاج بن يوسف الثقفي). فقالت: يا بني، لا ترض الدنية. فإن الموت لا بد منه. فقال: إني أخـاف أن يمثل بي، قالت: إن الكبش إذا ذبح لم يأمن السلخ. فخرج، فقاتل حتى قتل.

ولما قتل (الحجاج) عبد الـلـه بن الزبير، دخل على أسماء، وقال لهـا: يا أمّة،إن أمير المؤمنين أوصاني بك، فهل لك من حاجة؟ قالت: لست لك بـأم، ولكني أم
المصلوب على رأس الثنية، ومالي من حاجة.

ولكن أنتظر حتى أحدثك ما سمعت من رسول الـلـه صلى الـلـه عليه وسلم ، إني سمعته يقول: يخرج في ثقيف كذاب ومبير (المجرم). فأما الكذاب فقد رأيناه- يعني المختار. وأما المبير فأنت. فقال لها الحجاج: مبير المنافقين وجاءت أسماء بعد مقتل ابنها بثلاثة أيام، وهو حينئذ مصلوب وكانت عجوزاً طويلة مكفوفة البصر – فقالت للحجاج: أما آن لهذا الراكب أن ينزل؟ فقال الحجاج: المنافق؟

فقالت: و الـلـه ما كان منافقاً، انه كان لصواماً قواماً، براً فقال: انصرفي يا عجوز، فإنك قد خرفت.

قالت: لا و الـلـه ما خرفت منذ سمعت رسول الـلـه صلى الـلـه عليه وسلم يقول: (يخرج من ثقيف، كذاب ومبير فأما الكذاب فقد رأيناه، وأما المبير فأنت).

ويقال: إن الحجاج لما صلب ابن الزبير قال: لا أنزله إلا إذا شفعت فيه أمه. فمرت يوماً على مصلبه. فقالت أما آن لهذا الراكب أن ينزل؟فقال الحجاج: هذه شفاعة، وأنزله.

* وفاتها:

وتوفيت أسماء بمكة المكرمة بعد مقتل ابنها عبد الـلـه بأيام، وقد بلغت المائةنة ولم يسقط لها سن، ولم ينكر من عقلها شيء في عام ٧٣هـ

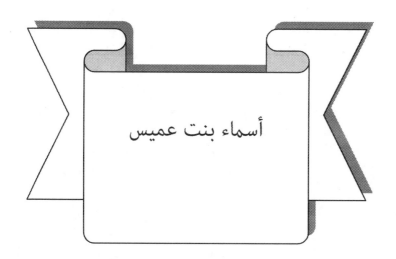

أسماء بنت عميس

وعُميس هو ابن معد بن تميم بن الحارث بن كعب بن مالك من ختمم. وأمها هند وهي خوله بنت عوف بن زهير بن الحارث بن حماطة من جرش. وقد كانت أليفة النجائب وكريمة الحبائب. وقد هاجرت إلى الحبشة مع زوجها جعفر بن أبي طالب، وقائد المهاجرين إلى الحبشة وقد ولدت له هناك: عبد الله، ومحمداً، وعوناً.

أرسلت قريش إلى النجاشي ملك الحبشة، وفداً لاسترجاع المسلمين من هناك، وكان عمرو بن العاص، وعمارة بن الوليد ، من أبرز رجال ذلك الوفد. وقد حاول القرشيون إقناع الملك بطرد المسلمين من أرضه، وإعادتهم إلى مكة: لأنهم خرجوا عن دين الآباء والأجداد!!

واختار المسلمون جعفراً، زوج أسماء، ليدافع عنهم، ويدحض مزاعم القريشيين. ولما دخل المسلمون على الملك. فلم يسجدوا له، فسألهم عن ذلك، فقالوا: نحن لا نسجد إلا لله عز وجل، وقد كنا نعبد الأوثان ونسجد لها، فبعث الله فينا نبياً صادقاً، وأمرنا بالتحية التي رضيها، وهي السلام، تحية أهل الجنة. فعرف الملك أن ذلك حق، وأنه موجود في التوراة والإنجيل. ثم سأل النجاشي وفد قريش عن طلبهم، فقال عمرو: كنا جميعاً على دين واحد فتركوه واتبعوا غيره، ولا بد من عودتهم إليه!!

فرد جعفر (مخاطباً الملك): أما الذي كنا عليه فتركناه، فهو دين الشيطان، كنا نكفر بالله، ونعبد الحجارة. وأما الذي تحولنا إليه فهو دين الله الإسلام، جاءنا به رسول الله صلى الله عليه وسلم ، وهنا دعا النجاشي القساوسة والرهبان، وسألهم:

هل تجدوا من بين عيسى وبين القيامة نبياً مرسلاً؟ فقالوا: نعم. قد بشرنا به عيسى، وقال: من آمن به فقد آمن بي. ومن كفر به فقد كفر بي.

ثم اتجه الملك إلى جعفر، وقال: ماذا يقول لكم هذا الرجل؟ وبماذا يأمركم؟ وما الذي ينهاكم عنه؟

فقال جعفر: يقرأ علينا كتاب الله، ويأمرنا كذلك بحسن الجوار، وصلة الرحم، وبر اليتيم، وان نعبد الله وحده، لا نشرك به شيئاً. وحاول عمرو أن يثير الملك على المسلمين، فقال له: إنهم يسبون عيسى وأمه، فأخذ جعفر يتلو سورة مريم، فاقتنع النجاشي أن وفد قريش مغرضون، لا حق لهم فيما يدعون. فالتفت إلى جعفر

وقومه، قائلاً: أنتم آمنون في أرضي.

وتمر الأيام، ويمن اللـه على عباده المسلمين - في المدينة - بالقوة، فيحرزون النصر تلو النصر، ويحين الوقت، لينضم مسلمو الحبشة إلى إخوانهم مسلمي المدينة، وتمخر بهم السفينة عباب البحر، وهم في غاية الفرح لرؤية رسول اللـه صلى اللـه عليه وسلم والانضمام إلى أصحابه الكرام.

وبعد رحلة معينة، وصل القوم إلى المدينة مهللين مكبرين، فلم يجدوا فيها إلا النساء والأطفال، فعلموا أن إخوانهم في خيبر، فلحقوا بهم، وأصوات تكبيرهم تشق أجواء الفضاء، فما أن بلغوها حتى سمعوا التكبير، وعلموا بسقوط خيبر في أيدي المسلمين.

فرح المسلمون برؤية رسول اللـه صلى اللـه عليه وسلم وكانت أسماء وزوجها أشدهم فرحاً. دخلت أسماء بنت عميس، على حفصة زوج النبي صلى اللـه عليه وسلم ، فدخل عمر بن الخطاب، على حفصة، وأسماء عندها، فقال حين رأى أسماء: من هذه؟ فقالت حفصة: أسماء بنت عميس. فقال عمر: سبقناكم بالهجرة، فنحن أحق برسول اللـه صلى اللـه عليه وسلم منكم. فغضبت.. وقالت: كلا يا عمر، كلا و اللـه كنتم مع رسول اللـه صلى اللـه عليه وسلم يطعم جائعكم، ويعظ هالككم، وكنا في دار البعد بالحبشة. وذلك في ذات اللـه عز وجل، وفي رسول اللـه صلى اللـه عليه وسلم وأيم اللـه لا أطعم طعاماً، ولا أشرب شراباً حتى أذكر ما قلت لرسول اللـه صلى اللـه عليه وسلم ، و اللـه لا أكذب ولا أزيد على ذلك.

فلما جاء النبي صلى اللـه عليه وسلم قالت: يا نبي اللـه، ان عمر قال كذا وكذا، فقال رسول اللـه صلى اللـه عليه وسلم فما قلت له؟ قالت: قلت له كذا وكذا. فقال رسول اللـه صلى اللـه عليه وسلم : ليس بأحق بي منكم، فله ولأصحابه هجرة واحدة. ولكم يا أهل السقيفة هجرتان، هاجرتم إلى النجاشي، وهاجرتم إلي.

أعلن في المدينة عن توجه جيش المسلمين إلى مؤتة لمحاربة الروم، وكان جعفر بن أبي طالب أحد أمرائه الثلاثة. وقد استشهدوا جميعاً، فاختار المسلمون خالد ابن الوليد، فانسحب من أرض المعركة. ونجا المسلمون من مذبحة رهيبة. ومنذ ذلك اليوم لقب بسيف اللـه المسلول.

وبعد استشهاد زوجها تزوجها أبو بكر الصديق (رضي الله عنه) بعد وفاة زوجته أم رومان. لما عزم الرسول صلى الله عليه وسلم على الحج، خرج معه صاحبه أبو بكر وخرجت معه بنت عميس. وكانت على وشك الوضع وقد أحست أسماء بآلام الطلق، فأعلمت زوجها الصديق ثم انتحت ناحية، ووضعت محمد بن أبي بكر. وحاول أبو بكر إعادتها إلى المدينة. ولكن الرسول صلى الله عليه وسلم أمر أسماء أن تغتسل من نفاسها. وتمضي مع الركب في حجة الوداع، مُهلة بالحج مع المسلمين.

ثم تزوجت أسماء، بعد أبي بكر الصديق، علي بن أبي طالب (رضي الله عنه) فولدت لعلي يحيى وعوناً رضي الله عنه وعنهم جميعاً.

وشاء الله أن تفجع أسماء بمقتل ابنها محمد بن أبي بكر، أمير مصر، فقامت إلى مصلاها تستعين بالصبر والصلاة.

وأحست أن قلبها يكاد يتمزق – لكنها ذكرت نهي رسول الله صلى الله عليه وسلم عن رفع الصوت، وخمش الوجه – فتجلدت واحتسبت ذلك من عند الله. ثم توفيت بعد ابنها محمد بفترة قصيرة، فلحقت بجعفر الطيار، وبأبي بكر الصديق، وبابنها محمد بن أبي بكر.

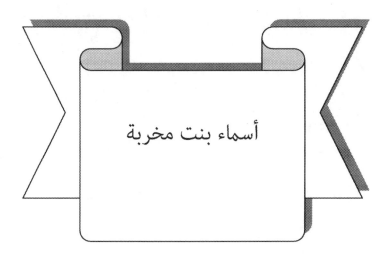

أسماء بنت مخربة

قدم هشام بن المغيرة المخزومي نجران، فرأى أسماء بنت مخربة فأعجبته وتزوجها، ونقلها معه إلى مكة، فولدت له: عمر بن هشام الذي عرف فيما بعد بأبي جهل، والحارث بن هشام، الصحابي المجاهد الشهيد، وبعد موت زوجها تزوجت عبد الله بن أبي ربيعة المخزومي فولدت له عياشاً وعبد الله.

روت الربيع بنت معوذ قالت: دخلت في نسوة من الأنصار على أسماء بنت مخربة وذلك في خلافة عمر، وكان ابنها عياش يأتيها بأجود العطور من اليمن، فكانت تبيعه في المدينة، فطلبت منها عطراً، فقالت لي: أنت بنت قاتل سيده؟ وكان أبوها معوذ بن عفراء قد اشترك في قتل أبي جهل بن هشام وهو ابن أسماء.

فقلت لها: لا، بل أنا بنت قاتل عبده.

قالت أسماء: حرام علي أن أبيعك من عطري شيئاً.

قلت: وحرام علي أن أشتري منه شيئاً. فما وجدت لعطرتنا غير عطرك.

تقول الربيع: ووالله ما شممت عطراً كان أطيب منه، ولكني غضبت فقلت لها ما قلت.

وكانت أسماء تكنى بأم الجلاس، أسلمت بعد فتح مكة.

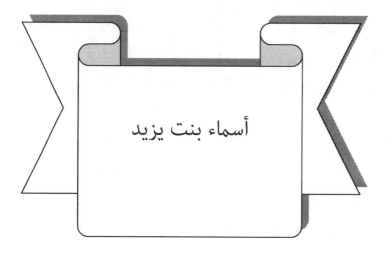

أسماء بنت يزيد

ويزيد هو بن السكن بن رافع بن امرئ القيس بن زيد بن عبد الأشهل بن جشم ابن الحارث. بنت عم معاذ بن جبل. وكان يقال لها خطيبة النساء. شهدت معركة اليرموك سنة ١٣هـ وقتلت من الروم البيزنطيين تسعة رجال بعمود خبائها.

كانت محدثة فاضلة ومجاهدة جليلة ومن ذوي العقل والدين والخطابة حتى لقبت بخطيبة النساء، أقبلت على الرسول صلى الله عليه وسلم وهو بين أصحابه فقالت: بأبي أنت وأمي يا رسول الله، أنا وافدة النساء إليك ان الله عز وجل بعثك إلى الرجال والنساء كافة. فآمنا بك وبإلهك. وإنا معشر النساء محصورات مقصورات قواعد بيوتكم، وحاملات أولادكم. وإنكم معشر الرجال فضلتم علينا في الجمع والجماعات وعيادة المرضى وشهود الجنائز والحج بعد الحج. وأفضل من ذلك الجهاد في سبيل الله عز وجل. وإن الرجل منكم إذا خرج حاجاً أو مجاهداً حفظنا لكم أموالكم وربينا أولادكم. أفلا نشارككم في هذا الأمر؟

فالتفت النبي صلى الله عليه وسلم إلى أصحابه وقال: هل سمعتم بمقالة امرأة قط أحسن من مسائلها عن أمر دينها من هذه ؟ فقالوا؟ يا رسول الله ما ظننا أن امرأة تهتدي إلى مثل هذا.

فالتفت النبي صلى الله عليه وسلم إليها وقال: افهمي أيتها المرأة واعلمي من خلفك من النساء أن أحسن تبعل المرأة لزوجها وطلبها لمرضاته واتباعها موافقته يعدل ذلك كله: فانصرفت وهي تهلل.

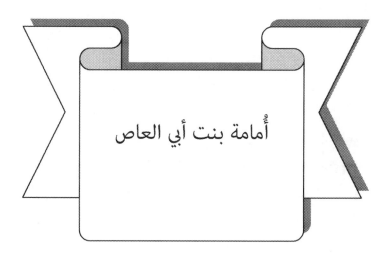

أُمامة بنت أبي العاص

هي بنت أبي العاص بن الربيع بن عبد العزى بن عبد شمس بن عبد مناف، وأمها زينب بنت رسول الـلـه صلى الـلـه عليه وسلم .

ولدت زينب لأبي العاص أمامة وعلياً. وثبت ذكر أمامة في الصحيحين من حديث أبي قتادة. ان النبي صلى الـلـه عليه وسلم كان يحمل أمامة بنت زينب على عاتقه. فإذا سجد وضعها. وإذا قام حملها.

أهدي لرسول الـلـه صلى الـلـه عليه وسلم قلادة من جزع ملمعة بالذهب، ونساؤه مجتمعات في بيته كلهن. وأمامة ابنة رسول الـلـه صلى الـلـه عليه وسلم وهي بنت أبي العاص بن الربيع، جارية تلعب في جانب البيت بالتراب. فقال رسول الـلـه صلى الـلـه عليه وسلم كيف ترين هذه؟ قالت عائشة: فنظرنا إليها فقلنا: يا رسول الـلـه. ما رأينا أحسن من هذه قط ولا أعجب! فقال: أرددنها إلي. فلما أخذها، قال: و الـلـه لأضعنها في رقبة أحب أهل بيتي إلي.

قالت عائشة: فأظلمت علي الأرض بيني وبينه خشية أن يضعها في رقبة غيري منهن. ولا أراهن إلا قد أصابهن مثل الذي أصابني، ووجمن جميعاً. فأقبل بها حتى وضعها في رقبة أمامة بنت أبي العاص. فسري عنا.

تزوجها علي بن أبي طالب رضي الـلـه عنه بعد موت فاطمة عليها السلام. وكانت فاطمة وصت علياً أن يتزوجها فلما توفيت تزوجها، زوجه منها الزبير بن العوام لأن أباه قد أوصاه بها. فلما جرح علي خاف أن يتزوجها معاوية، فأمر المغيرة بن نوفل بن الحارث بن عبد المطلب أن يتزوجها فلما توفي علي، وقضت العدة تزوجها المغيرة.

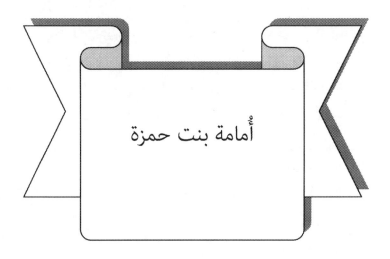

أُمامة بنت حمزة

هي أمامة بنت حمزة بن عبد المطلب بن هاشم بن عبد مناف بن قصي. وأمها سلمى بنت عُميس. أخت أسماء بنت عُميس. أخواها لأمها: عبد الله وعبد الرحمن أبنا شداد بن الهاد.

ويروى أن علياً قال لرسول الله صلى الله عليه وسلم: ألا تتزوج ابنة عمك حمزة، فإنها كما قال سفيان أجمل. وقال إسماعيل أحسن فتاة في قريش؟ فقال: يا علي أما علمت أن حمزة أخي من الرضاعة. وان الله حرم من الرضاعة ما حرم من النسب.

قال ابن عباس: ان (أمامة) بنت حمزة بن عبد المطلب، وأمها سلمى بنت عميس كانت بمكة. فلما قدم رسول الله صلى الله عليه وسلم كلم النبي صلى الله عليه وسلم فقال: علام نترك ابنة عمنا يتيمة بين ظهري المشركين؟ فلم ينهه النبي صلى الله عليه وسلم عن إخراجها فخرج بها، فتكلم زيد بن حارثة، كان وصي حمزة، وكان النبي صلى الله عليه وسلم آخى بينهما حين آخى بين المهاجرين

فقال: أنا أحق بها ابنة أخي. فلما سمع بذلك جعفر بن أبي طالب. قال: الخالة والدة وأنا أحق بها لمكان خالتها أسماء بنت عميس عندي. فقال علي: ألا أراكم تختصمون في ابنة عمي. وأنا أخرجتها من بين أظهر المشركين. وليس لكم إليها نسب دوني. وأنا أحق بها منكم.

فقال رسول الله صلى الله عليه وسلم: أنا أحكم بينكم. أما أنت يا زيد فمولى الله ورسوله، وأما أنت يا علي فأخي وحاجبي، وأما أنت يا جعفر فشبيه خُلقي وخلقي. وأنت يا جعفر أولى بها، ولكن تحتك خالتها، ولا تنكح المرأة على خالتها ولا على عمتها.

فقيل للنبي صلى الله عليه وسلم: تزوجها:فقال ابنة أخي من الرضاعة، فزوجها رسول الله صلى الله عليه وسلم مسلمة بن أبي سلمة. فكان الرسول صلى الله عليه وسلم يقول: هل جزيت سلمة؟

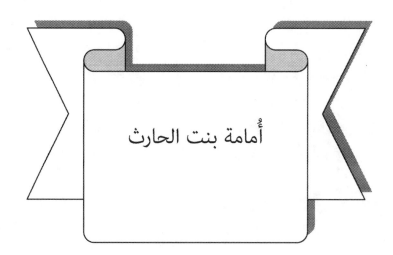

أُمامة بنت الحارث

الحارث بن عوف المري سيد من سادات الجاهلية، وفارس من فرسانها، وكريم من كرمائها، توسط في الحرب بين عبس وذبيان مع هرم بن سنان المري، واستطاعا أن يحقنا الدماء وينهيا الحرب، وقد تحملا مناصفة ديات القتلى.

عاش الحارث حتى أدرك الإسلام، وكانت العرب تنتظر ما تصل إليه الحرب الدائرة بين المشركين والمسلمين من نتائج. فلما انتهت الحرب بانتصار المسلمين أقبلت القبائل على المدينة تبايع على الإسلام. وكان ممن أقبل بوفد إلى المدينة الحارث بن عوف، وقد أقبل بثلاثة عشر من قبيلته بني مرة، وقابلوا رسول الله صلى الله عليه وسلم وأطاعوا وأسلموا.

وكان من سياسة رسول الله صلى الله عليه وسلم وهديه أن يتألف زعماء القبائل، ويكرم شرفاءها، وكان يقول: "إذا أتاكم كريم قوم فأكرموه" فأحب أن يكرم الحارث بن عوف، وان يتألفه على الإسلام فخطب إليه ابنته أمامة التي كانت تعرف بين أهلها بقرصافة.

ولست أدري ما الذي جعل الحارث بن عوف يرفض هذا الشرف العظيم، وهو الذي يسعى سعيه إلى الشرف والمجد، وينفق في سبيله الأموال الطائلة ، فقد اعتذر إلى رسول الله صلى الله عليه وسلم ، فقال: لا أرضاها لك، ثم لجأ إلى الكذب فقال:

إن بها سوءاً، ان بها بياضاً يعني أنها مصابة بالبرص. ونظر رسول الله صلى الله عليه وسلم إلى الحارث وقال: "لتكن كذلك".

لم تكن قرصافة برصاء بل كانت على أحسن ما تكون عليه النساء. ولكن الحارث لسبب في نفسه لا نعرفه ادعى أنها برصاء.. فدعا عليها رسول الله بالبرص. فبرصت. وعندما عاد الحارث إلى بيته وجد ابنته قد برصت، فأدرك ان ذلك بسبب كذبه على رسول الله، ونتيجة دعاء رسول الله.

وتزوجت أمامة البرصاء من ابن عمها يزيد بن حمة المري، فولدت له شبيب بن يزيد الذي نسب إلى امه فقيل له: شبيب ابن البرصاء.

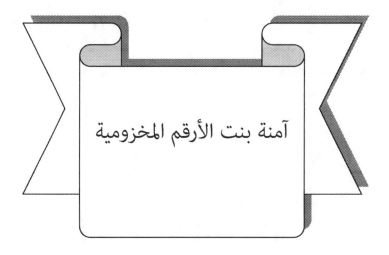

آمنة بنت الأرقم المخزومية

بدأت دعوة الإسلام في مكة، فلاقت من ذوي القلوب الصافية من أهلها إقبالاً، فآمنت به وجاهدت من أجله، ولاقت من ذوي القلوب المتحجرة صدوداً وعداءً، فناصبتها العداء، وبذلت من أنفسها وأموالها الكثير في سبيل هدمه وصرف الناس عنه.

وكان في القبيلة الواحدة من قريش من هذين الاتجاهين، قلوب صافية لينة، وقلوب متحجرة قاسية، وكان من أوضح الأمثلة على ذلك بنو مخزوم، كان فيهم المؤمن البار والكافر الفاجر.

فمن مؤمنيهم الذين آمنوا وجاهدوا وبذلوا: الأرقم بن أبي الأرقم، وكان من كافريهم الذين بذلوا كل ما في وسعهم لحرب الدعوة أبو جهل بن هشام عليه من الله ما يستحق.

ومن نساء بني المخزوم اللاتي آمنّ، وقد كان رسول الله صلى الله عليه وسلم يجتمع بالمؤمنين في مرحلة الدعوة السرية في بيت أبيها على الصفا، فكانت آمنة ممن عاصر فجر الدعوة وتابع فصولها.

وعندما هاجر المسلمون إلى المدينة، كانت آمنة هي أول من هاجر، ولأنها من أوائل المسلمات ومن زمرة المهاجرات وهبها رسول الله صلى الله عليه وسلم بئراً في المدينة ودعا لها فيها بالبركة، فكانت هذه البئر تدعى باسمها فيقال لها: بئر آمنة.

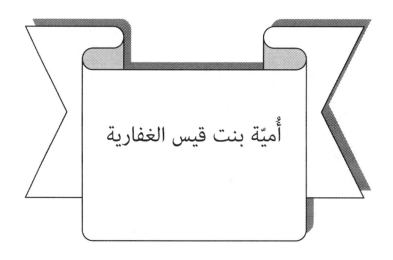

أُميّة بنت قيس الغفارية

كانت قبيلة غفار من أكثر القبائل إقبالاً على الإسلام حتى قال رسول الله صلى الله عليه وسلم في حقها: غفار، غفر الله لها. وأقبلت نساء غفار على الإسلام مثلما أقبل رجالها، وكان من نسائها اللاتي أسلمن وبايعن الرسول: أمية بنت قيس..

كانت أمية محبة للجهاد، راغبة فيه، فأقبلت على رسول الله صلى الله عليه وسلم تستأذنه لنفسها ولنفرٍ من نساء غفار في الخروج إلى الجهاد.

قالت أمية لرسول الله: يا رسول الله، إنا نريد أن نخرج معك إلى وجهك هذا -وكان رسول الله متوجهاً لفتح خيبر - فنداوي الجرحى، ونعين المسلمين بما استطعنا. فقال رسول الله صلى الله عليه وسلم : على بركة الله.

وخرجت أمية مع جيش الإسلام مجاهدة في سبيل الله، وحضرت غزوة خيبر، فكانت تسقي المجاهدين، وتداوي الجرحى، وتعد الطعام وتقوم بكل ما يوكل إليها من عمل.وعندما فتح الله خيبر، وقسم رسول الله صلى الله عليه وسلم غنائمها بين المحاربين، جعل لأمية نصيباً، قالت أمية: عندما فتح الله لنا خيبر رضخ لنا رسول الله صلى الله عليه وسلم من الفيء ولم يسهم لنا.

ولأن أمية كانت متميزة في نشاطها الجهادي تناول رسول الله صلى الله عليه وسلم قلادة ودعا بأمية وألبسها القلادة بيده الشريفة. وخرجت أمية بالقلادة أضعاف ما خرجت بما أعطاها من الفيء، ذلك لأن رسول الله صلى الله عليه وسلم خصها بها دون من حضر من النساء، ولأنه وضعها بيده الشريفة في عنقها. واحتفظت أمية بوسامها، بقلادتها، فكانت لا تفارق عنقها حتى ماتت... وأوصت أن تدفن معها في قبرها...

ودفنت أمية بنت قيس الغفارية وقلادة الجهاد في عنقها، لم تفارقها من يوم أن قلدها بها رسول الله صلى الله عليه وسلم رغبة منها في أن تقابل ربها بهذه الشهادة النبوية السامية: قلادة الجهاد.

هذه سيرة امرأة من غفار، أسلمت وبايعت وجاهدت، وحصلت على وسام الجهاد من يد المصطفى صلى الله عليه وسلم ...نحن نتمنى على فتياتنا أن يسرن سيرة هذه الصحابية المجاهدة. غفر الله لها ولكل من سلك سبيلها.

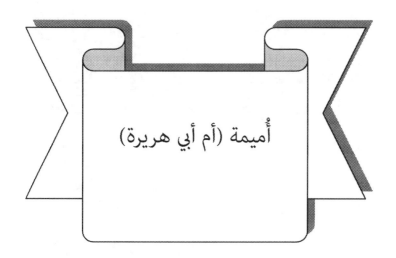

أُميمة (أم أبي هريرة)

هي أم أبي هريرة. أسلمت وروى إسلامها أبو هريرة. قال: كنت أدعو أمي إلى الإسلام. وهي مشركة،
فدعوتها يوماً فأسمعتني في رسول الله صلى الله عليه وسلم ما أكره. فأتيت رسول الله صلى الله عليه
وسلم وأنا أبكي، فقلت يا رسول الله، إني كنت أدعو أمي إلى الإسلام، فتأبى علي، وإني دعوتها اليوم فأسمعتني
فيك ما أكره. فادع الله أن يهدي أم أبي هريرة، فقال رسول الله صلى الله عليه وسلم "اللهم اهد أم أبي
هريرة"، فخرجت مستبشراً بدعوة نبي الله صلى الله عليه وسلم فلما جئت فصرت إلى الباب. فإذا هو
مجاف. فسمعت أمي خشف قدمي فقالت: مكانك يا أبا هريرة، وسمعت خضخضة الماء..

ولبست درعها، وفتحت الباب وقالت:

يا أبا هريرة. أشهد أن لا إله إلا الله، وأشهد أن محمداً رسول الله.

قال: فرجعت إلى رسول الله صلى الله عليه وسلم فأخبرته فحمد الله، وقال خيراً.

روي أن عمر بن الخطاب دعا أبا هريرة ليستعمله، فأبى أن يعمل له فقال له: أتكره العمل، وقد
طلبه من كان خيراً منك؟ قال: من؟ قال: يوسف بن يعقوب عليهما السلام. فقال أبو هريرة: يوسف نبي ابن
نبي، وأنا أبو هريرة بن أميمة، أخشى ثلاثاً أو اثنين.

فقال عمر: أفلا قلت خمساً، قال: أخشى أن أقول بغير علم، وأقضي بغير حكم، وان يضرب ظهري،
وينتزع مالي، ويشتم عرضي.

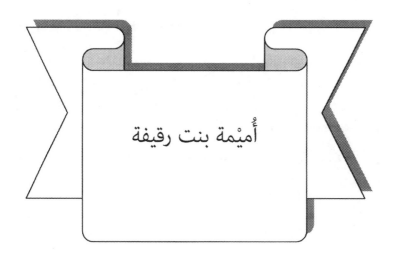

أُميْمة بنت رقيفة

هي بنت عبد اللـه بن بجاد بن عمير بن الحارث، تنتمي إلى تيم بن مرة، أما أمها فهي رقيفة بنت خويلد بن أسد. أخت أم المؤمنين، خديجة بنت خويلد.

قالت أميمة بنت رقيفة: أتيت رسول اللـه صلى اللـه عليه وسلم في نسوة يبايعنه، فقلنا نبايعك يا رسول اللـه على ألا نشرك بالله شيئاً ولا نسرق ولا نزني ولا نقتل أولادنا ولا نأتي ببهتان نفتريه بين أيدينا وأرجلنا ولا نعصيك في معروف. فقال رسول اللـه صلى اللـه عليه وسلم : فيما استطعتن وأطقتن.

فقلنا: اللـه ورسوله أرحم بنا من أنفسنا، هلم نبايعك يا رسول اللـه، فقال: "إني لا أصافح النساء، إنما قولي لمائة امرأة كقولي لامرأة واحدة".

وقد اغتربت أميمة، تزوجها حبيب بن كعيب بن عُتير الثقفي، فولدت له النهدية وابنتها وام عُبيس وزنيرة، أسلمن بمكة قديماً، وكن ممن يعذب في اللـه، فاشتراهن أبو بكر الصديق، فاعتقهن، فقال له أبوه (أبو قحافة):

يا بني، انقطعت إلى هذا الرجل، وفارقت قومك، وتشتري هؤلاء الضعفاء؟

فقال له: يا أبي، أنا أعلم بما أصنع.

وكان مع النهدية يوم اشتراها طحين لسيدتها، تطحنه أو تدق لها نوى، فقال لها أبو بكر: ردي إليها طحينها أو نواها، فقالت: لا، حتى أعمله لها، وذلك بعد أن باعها.

وأعتقها أبو بكر، وأصيبت زنيرة في بصرها فعميت، فقيل لها: أصابتك اللات والعزى، فقالت: لا و اللـه ما أصابتني وهذا من اللـه، فكشف اللـه عن بصرها ورده إليها. فقالت قريش: هذا بعض سحر محمد.

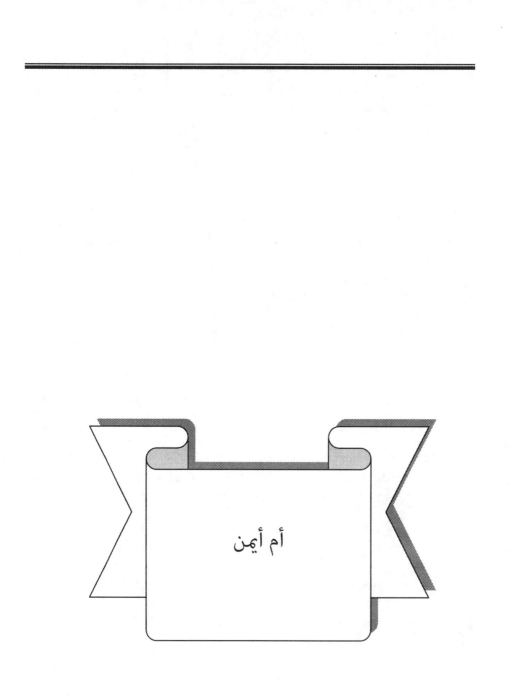

أم أيمن

هي مولاة رسول اللـه صلى اللـه عليه وسلم وحاضنته، ورثها من أبيه، فاعتقها -عليه السلام-حين تزوج خديجة بنت خويلد. فتزوجها عبيد بن زيد، من بني الحارث بن الخزرج. فولدت له (أيمن) الذي صحب الرسول صلى اللـه عليه وسلم وقتل يوم حنين شهيداً.

وكانت تكنى أم الظباء. وكان رسول اللـه صلى اللـه عليه وسلم يقول لأم أيمن: (يا أمه). وكان إذا نظر إليها قال: هذه بقية أهل بيتي، وكان يقول عنها: أم أيمن أمي بعد أمي. كانت أم أيمن تلطف النبي صلى اللـه عليه وسلم وتقوم عليه. فقال رسول اللـه صلى اللـه عليه وسلم يوماً: من سره أن يتزوج امرأة من أهل الجنة فليتزوج أم أيمن، فتزوجها زيد بن حارثة. فولدت له أسامة بن زيد.

وقد حضرت أم أيمن أُحداً، وكانت تسقي الماء، وتداوي الجرحى. وشهدت خيبر مع رسول اللـه صلى اللـه عليه وسلم وكان عليه السلام – يزورها. وكان أبو بكر وعمر يزورانها في منزلها، كما كان يفعل رسول اللـه صلى اللـه عليه وسلم فلما توفي الرسول صلى اللـه عليه وسلم ، قال ابو بكر لعمر (رضي اللـه عنهما) هيّـا نزورها، فلما رأتهما بكت.

فقالا لها: ما يبكيك؟ فقالت: إني لأعلم أن رسول اللـه صلى اللـه عليه وسلم قد صار إلى خير مما كان فيه. ولكني إنما أبكي على الوحي إذ انقطع عنا من السماء: فجعلا يبكيان معها.

واختلف في وفاتها، قيل: ماتت رضي اللـه عنها بعد الرسول صلى اللـه عليه وسلم بخمسة أشهر وقيل في آخر خلافة عثمان بن عفان (رضي اللـه عنه).

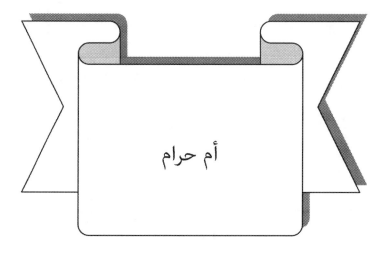

أم حرام

هي بنت ملحان، أخت أم سليم. أمها مليكة بنت مالك بن عدي من بني النجار، وهي خالة أنس بن مالك. خادم النبي صلى الله عليه وسلم .

تزوجها عبادة بن الصامت الخزرجي، فولدت له محمداً وبقيت معه حتى ماتت.

وكان رسول الله صلى الله عليه وسلم يكرمها ويزورها في بيتها. ويقيل عندها، وقد أخبرها أنها ستموت شهيدة.

وروي عن أنس بن مالك، عن خالته أم حرام. أن رسول الله صلى الله عليه وسلم نام أو أقال في بيتها. فاستيقظ وهو يضحك. فقالت: يا رسول الله صلى الله عليه وسلم ، ، ما يضحكك؟

قال: عرض علي ناس من أمتي يركبون هذا البحر كالملوك على الأسرة. قالت: يا رسول الله. ادع الله أن يجعلني منهم، قال: أنت من الأولين (وفي رواية: إنك منهم).

ثم نام فاستيقظ وهو يضحك، فقالت: يا رسول الله، ما يضحكك؟ قال: عرض علي ناس من أمتي يركبون ظهر البحر الأخضر كالملوك على الأسرة.

قالت: يا رسول الله، أدع الله أن يجعلني منهم، قال: أنت من الأولين.

ولقد خرجت مع زوجها عبادة بن الصامت، غازيين في سبيل الله، فلما بلغا قبرص، ركبت بغلة، فصرعتها فقتلتها. وكانت تلك الغزوة سنة سبع وعشرين هجرية. وكان أمير ذلك الجيش معاوية بن أبي سفيان (في خلافة عثمان بن عفان رضي الله عنه)، وكان معه أبو الدرداء وأبو ذر وغيرهما من الصحابة ويعرف قبر أم حرام في قبرص باسم قبر المرأة الصالحة.

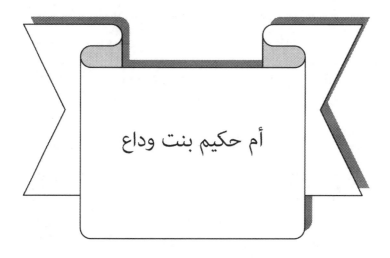

أم حكيم بنت وداع

هي خزاعية، كانت من المهاجرين، وروي عنها أنها سمعت النبي صلى الله عليه وسلم يقول: "عجلوا الإفطار، وأخروا السحور". وقالت: قلت للنبي صلى الله عليه وسلم ما جزاء الغني من الفقير؟

قال: "النصيحة والدعاء".

وقيل عنها أنها سمعت النبي صلى الله عليه وسلم يقول: "دعاء الوالد يفضي إلى الحجاب".

أي أن دعاء الوالد على ولده أوله مستجاب.

ولذلك يجب على الولد أن يطيع والديه، ويتحرى رضاهما ويتجنب سخطهما. مسترشداً بقول الخالق عز وجل:

(**فَلا تَقُلْ لَهُمَا أُفٍّ وَلا تَنْهَرْهُمَا وَقُلْ لَهُمَا قَوْلاً كَرِيماً**)(الاسراء: من الآية٢٣) ليسعد في دنياه وآخرته.

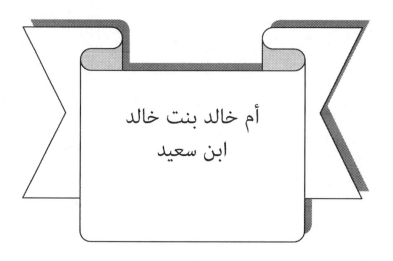

أم خالد بنت خالد ابن سعيد

كان خالد بن سعيد بن العاص الأموي من أوائل من استجاب لدعوة الحق، ولقي في سبيلها من العنت ما لقيه سائر المسلمين، وعندما أمر رسول اللـه صلى اللـه عليه وسلم أصحابه بالهجرة إلى الحبشة كان خالد بن سعيد وزوجته همينة بنت خلف الخزاعية ممن هاجر إليها بدينه.

وفي الحبشة ولد لخالد بن سعيد مولودة أنثى أسماها أمة، واشتهرت بكنيتها: أم خالد وعندما أذن رسول اللـه صلى اللـه عليه وسلم لمهاجري الحبشة بالقدوم إلى المدينة حملهم النجاشي في سفينتين. وقال لهم وهو يودعهم: أقرؤوا جميعاً رسول اللـه مني السلام.

قالت أم خالد: فكنت ممن أقرأ رسول اللـه صلى اللـه عليه وسلم من النجاشي السلام.

ودرجت أم خالد في المدينة المنورة في مجتمع إسلامي مثالي تتعلم منه مثل الإسلام العليا، وتعيش سعادة الروح وطمأنينة الإيمان.

وذات يوم من أيام الرسول في المدينة أتى إليها بثياب فيها خميصة، والخميصة ثوب من صوف أسود فيها أعلام، فقال رسول اللـه صلى اللـه عليه وسلم لمن حوله: من ترون أكسو هذه؟

فسكت القوم انتظاراً لمعرفة صاحبة الحظ السعيد.

فقال رسول اللـه صلى اللـه عليه وسلم : أئتوني بأم خالد.

فلما جاءت ألبسها رسول اللـه صلى اللـه عليه وسلم الخميصة بيده وهو يقول: ابلي واخلفي، ابلي واخلفي، يدعو لها بطول العمر.

وتزوجت أم خالد الزبير بن العوام، فولدت له خالداً، وبه كانت تكنى حتى قبل الزواج وقبل ولادته، فكأنها اختارت الاسم مطابقاً لكنيتها، ثم ولدت له عمراً.

وعاشت ام خالد رضي اللـه عنها عمراً طويلاً حتى أنها كانت آخر الصحابيات موتاً.

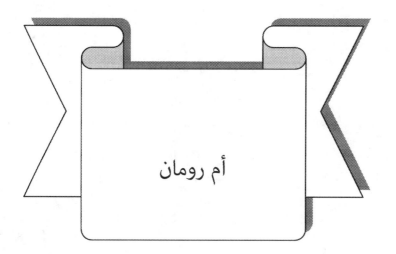

أم رومان

هي بنت عامر بن عويمر بن عبد شمس بن عناب.. من مالك بن كنانة. كانت امرأة الحارث بن سخيرة بن جرثومة الخير.. الأزدي، فولدت له الطفيل. وقدم زوجها الحارث من السراة إلى مكة، ومعه أم رومان، وولده منها، فحالف أبو بكر الصديق.

ثم مات الحارث بمكة، فتزوج أبو بكر أم رومان، فولدت له عبد الرحمن وعائشة زوج النبي صلى الله عليه وسلم .

وأسلمت أم رومان بمكة قديماً، وبايعت وهاجرت إلى المدينة، مع أهل رسول الله صلى الله عليه وسلم وولده وأهل أبي بكر. حين قدم بهم في الهجرة.

وكانت أم رومان امرأة صالحة، وقد توفيت في عهد النبي صلى الله عليه وسلم بالمدينة. في ذي الحجة سنة ست من الهجرة. نقل حماد بن سلمة عن علي بن زيد عن القاسم بن محمد أنه قال: لما دليت أم رومان في قبرها، قال رسول الله صلى الله عليه وسلم : من سره أن ينظر إلى امرأة من الحور العين، فلينظر إلى أم رومان".

وفي حديث عفان "ونزل رسول الله صلى الله عليه وسلم في قبرها" فعائشة وعبد الرحمن هما أخوا الطفيل لأمة. قالت عائشة رضي الله عنهما: لما هاجر رسول الله صلى الله عليه وسلم خلفنا وخلف بناته، فلما استقر، بعث زيد بن حارثة وبعث معه أبا رافع مولاه، وأعطاهما بعيرين وخمسمائة درهم يشتريان بها ما يحتاجان إليه من الظهر، وبعث أبو بكر معهما عبد الله بن أريقط، ببعيرين أو ثلاثة، وكتب إلى ابنه عبد الله أن يحمل أمي (أم رومان) وأنا وأختي أسماء. فخرجوا مصطحبين، وكان طلحة يريد الهجرة، فسار معهم، وخرج زيد وأبو رافع.

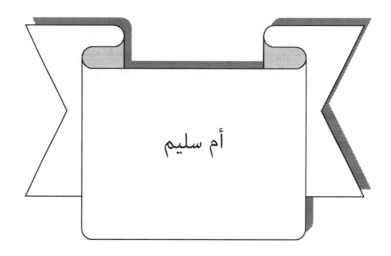

أم سليم

هي بنت ملحان بن خالد بن زيد بن حرام، من بني النجار، وهي الغميصاء، ويقال الرميصاء، أم أنس بن مالك.

وقد اختلف في اسمها، فقيل سهلة، وقيل رميلة، وقيل رميثة، وقيل مليكة.

تزوجها مالك بن النضر (والد أنس بن مالك) في الجاهلية، فلما جاء الإسلام أسلمت مع قومها، وعرضت الدين الجديد على زوجها، فغضب عليها، وخرج إلى الشام، ومات هناك كافراً.

ثم خطبها بعده أبو طلحة الأنصاري، وقد كان مشركاً فقالت له: أما إني فيك لراغبة، وما مثلك يرد، ولكنك كافر، وأنا امرأة مسلمة، فإن تسلم فلك مهري، ولا أسألك غيره، فأسلم وتزوجها وحسن إسلامه، فولدت له غلاماً مات صغيراً، هو أبو عمير، كان معجباً به، فأسف عليه. ثم ولدت له عبد الله، الذي دعا له النبي صلى الله عليه وسلم قبل أن يولد، فقال لوالديه: بارك الله لكما في ليلتكما.

ورزق عبد الله أولاداً صالحين، هم اسحاق واخوته (فكانوا عشرة) كلهم حمل عنه العلم.

ولإسلام أبي طلحة قصة، يحسن بنا أن نعرفها، فقد كان معجباً بأم سليم، وكان يرغب في الزواج منها وهو على دينه، فأبت أم سليم ذلك، وحاولت أن تقنعه بالإسلام، فقالت له:

أرأيت حجراً نعبده، لا يضرك ولا ينفعك، أو خشبة يأتي بها النجار، فينحرها لك هل يضرك؟ هل ينفعك؟ قال، فوقع في قلبه الذي قالت، وقال: أشهد أن لا إله إلا الله وان محمداً رسول الله. فالتفتت إلى ابنها قائلة: يا أنس، زوج أبا طلحة، فتزوجها، وكان صداقها الإسلام، لم تأخذ من أبي طلحة شيئاً.

وكانت تقول: لا أتزوج حتى يبلغ أنس، ويجلس في المجالس، فيقول: جزى الله أمي عني خيراً، لقد أحسنت ولايتي.

وكان ابنها (أنس بن مالك) خادم رسول الله صلى الله عليه وسلم ، وان أم سليم لما قدم النبي صلى الله عليه وسلم

قالت: يا رسول الـلـه، هذا أنس يخدمك، وكان حينئذٍ ابن عشر سنين، فخدم النبي (عليه السلام) منذ قدم المدينة حتى مات، فاشتهر بخادم النبي صلى الـلـه عليه وسلم ودعا له الرسول صلى الـلـه عليه وسلم فقال: اللهم أكثر ماله وولده، وبارك له فيما أعطيته.

وروت عن النبي صلى الـلـه عليه وسلم عدة أحاديث، روى عنها ابنها أنس، وابن عباس، وزيد ابن ثابت وأبو سلمة بن عبد الرحمن، وآخرون.

وكان رسول الـلـه صلى الـلـه عليه وسلم يزور أم سليم فتتحفه بالشيء تصنعه له ، ولم يكن - عليه السلام- يدخل بيتاً غير بيت أم سليم وبيت أم الفضل إلا على أزواجه ، فقيل له، فقال: إني أرحمها، قتل أخوها وأبوها معي وقد كان يدخل بيتها وبيت أختها أم حرام، وكانتا في دار واحدة.

قال أنس بن مالك: كان النبي صلى الـلـه عليه وسلم يزور أم سليم أحياناً، فتدركه الصلاة فيصلي على بساط لنا، وهو حصير ينضحه بالماء.

وقال أنس: كان لي أخ صغير يكنى أبا عمير، فزارنا النبي صلى الـلـه عليه وسلم يوماً، فقال: يا أم سليم، ما شأني أرى أبا عمير ابنك خائر النفس؟ فقالت يا نبي الـلـه، كانت صعوة له كان يلعب بها، قال فجعل النبي صلى الـلـه عليه وسلم يمسح برأسه، ويقول: يا أبا عمير، ما فعل النغير؟

قالت أم سليم: كان رسول الـلـه صلى الـلـه عليه وسلم يقيل في بيتي (وكان مِعراقاً)، فكنت آخذ سُكا فأعجنه بعرقه. فاستيقظ - عليه السلام- مرة فقال ما تجعلين يا أم سليم؟ قالت: باقي عرقك أريد أن أدوف به طيبي. وفي رواية أخرى قالت: آخذ هذا للبركة التي تخرج منك، قال أنس: دخل النبي صلى الـلـه عليه وسلم على أم سليم فأتته بتمر وسمن، فقال: أعيدوا سمنكم في سقائكم. وتمركم في وعائكم، فإني صائم، ثم قام في ناحية البيت، فصلى صلاة غير مكتوبة، فدعا لأم سليم ولأهل بيتها.

قال النبي صلى الـلـه عليه وسلم لأم سليم: ما لأم سليم لم تحج معنا العام؟ قالت: يا نبي الـلـه، كان لزوجي ناضحان، فأما أحدهما فحج عليه، وأما الآخر فتركه يسقي عليه نخلة، قال: فإذا

كان رمضان أو شهر الصوم فاعتمري فيه، فإن عمرة فيه مثل حجة، أو تقضي مكان حجة.

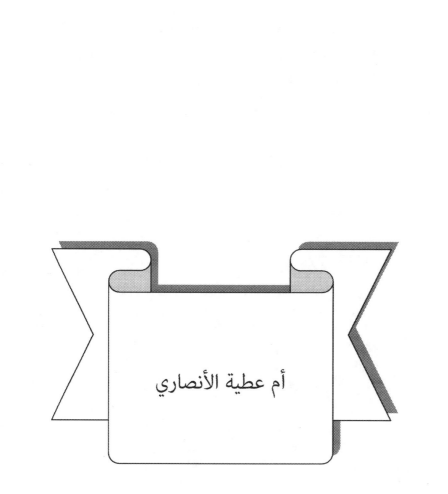

أم عطية الأنصاري

هي نسيبة بنت الحارث، أسلمت وبايعت رسول الله صلى الله عليه وسلم وغزت معه، وروت عنه.

قالت أم عطية: غزوت مع رسول الله صلى الله عليه وسلم سبع غزوات، فكنت أصنع لهم طعامهم، وأخلفهم في رحالهم، وأداوي الجرحى، وأقوم على المرضى.

وقالت أم عطية: لما ماتت زينب بنت رسول الله صلى الله عليه وسلم ، قال لنا النبي صلى الله عليه وسلم "اغسلْنَها وتراً، ثلاثاً أو خمساً، واجعلن في الخامسة كافوراً أو شيئاً من كافور، وإذا غسلتنّها فاعلمنني"، فلما غسلناها أعلمناه، فأعطانا حقوة، فقال: أشعرنها إياه". وروى الحديث السابق يزيد بن هارون وإسحاق الأزرق وروح بن عبادة عن هشام بن حسان عن حفصة: قالت: حدثتني أم عطية قالت: توفيت إحدى بنات رسول الله، فقال: اغسلنها وتراً، ثلاثاً أو خمساً أو أكثر من ذلك إن رأيتن ذلك، واغسلنها بماء وسدر، واجعلن في الآخرة كافوراً أو شيئاً من كافور. وإذا فرغتن فآذنني. فقالت: فآذناه، فألقى إلينا حقوة، فقال: أشعرنها هذا. قالت: فضفرنا شعرها ثلاثة أثلاث، قرنيها وناصيتها، وألقينا خلفها مقدمها.

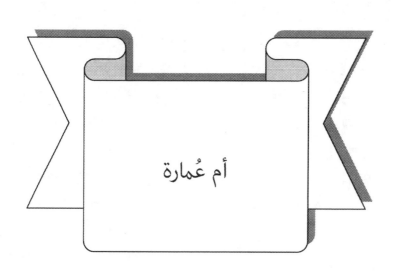

أم عُمارة

هي نسيبة بنت كعب بن عمرو بن عوف... من بني مازن بن النجار، وأمها الرباب بنت عبد الله بن حبيب بن زيد بن ثعلبة، وينتهي نسبها إلى جشم بن الخزرج، وكنيتها أم عُمارة. وهي أخت عبد الله بن كعب، الذي شهد بدراً، وأخت أبي ليلى عبد الرحمن بن كعب لأبيهما وأمهما. تزوجها ابن عمها زيد بن عاصم بن عمرو بن عوف، فولدت له عبد الله وحبيباً، اللذين صحبا النبي صلى الله عليه وسلم ثم خلف عليها غزية بن عمرو بن عطية، من بني النجار فولدت له تميماً وخولة.

أسلمت أم عمارة، وحضرت ليلة العقبة، وبايعت رسول الله صلى الله عليه وسلم . وشهدت أم عمارة أُحداً مع زوجها غزية بن عمرو وابنيها ، وخرجت معهم بشن لها، في أول النهار، تريد أن تسقي الجرحى، فقاتلت وأبلت بلاءً حسناً، وجرحت اثني عشر جرحاً بين طعنة برمح أو ضربة بسيف.

قالت أم سعيد بنت سعد بن ربيع: دخلت على أم عمارة، فقلت: حدثيني خبرك يوم أحد، فقالت: خرجت أول النهار إلى أحد، وأنا أنظر ما يصنع الناس، ومعي سقاء فيه ماء. فانتهيت إلى رسول الله صلى الله عليه وسلم وهو في أصحابه والريح للمسلمين، فلما انهزم المسلمون انحزت إلى رسول الله صلى الله عليه وسلم فجعلت أباشر القتال، وأذب عن رسول الله صلى الله عليه وسلم بالسيف، وأرمي القوس ، حتى خلصت إلي الجراح. قالت أم سعيد: فرأيت على عاتقها جرحاً له غور أجوف، فقلت: يا أم عمارة، من أصابك هذا؟ قالت: أقبل ابن قميئة، وقد ولى الناس عن رسول الله- يصيح- دلوني على محمد، فلا نجوت إن نجا!! فاعترض له مصعب بن عمير وناس معه، فكنت فيهم، فضربني هذه الضربة، ولقد ضربته على ذلك ضربات، ولكن عدو الله، كان عليه درعان.

وكان ضمرة بن سعيد المازني يحدث عن جدته، وكانت قد شهدت أحد تسقي الماء قالت: سمعت رسول الله صلى الله عليه وسلم يقول: لمقام نسيبة بنت كعب اليوم، خير من مقام فلان وفلان. وكان يراها يومئذٍ تقاتل أشد القتال، وإنها لحاجزة ثوبها على وسطها، حتى جرحت ثلاثة عشر جرحاً، وكانت تقول إني لأنظر إلى ابن قميئة وهو يضربها على عاتقها، وكان أعظم جراحها، فداوته سنة.

ثم نادى رسول الـلـه صلى الـلـه عليه وسلم إلى حمراء الأسد، فشدت عليها ثيابها، فما استطاعت من نزف الدم، ولقد مكثنا ليلتنا نكمد الجراح حتى أصبحنا. فلما رجع رسول الـلـه صلى الـلـه عليه وسلم من الحمراء، ما كاد يصل إلى بيته حتى أرسل إليها عبد الـلـه بن كعب المازني، يسأل عنها، فرجع إليه يخبره بسلامتها، فسر بذلك النبي صلى الـلـه عليه وسلم .

حدثت أم عمارة عن نفسها – في معركة أُحد – فقال: قد رأيتني وقد انكشف الناس عن رسول الـلـه صلى الـلـه عليه وسلم ، فما بقي إلا في نفر ما يتمون عشرة، وأنا وأبنائي وزوجـي بين يديه، نذب عنه والناس يمرون به منهزمين، ورآني لا ترس معي، فرأى رجلاً مولياً، معه ترس، فقال لصاحب الترس: ألق ترسك إلى من يقاتل، فألقى ترسه، فأخذته، فجعلت أتترس به عن رسول الـلـه، وإنما فعل بنا الأفاعيل أصحاب الخيل ، لو كانوا رجاله قبلنا – أصبناهم إن شاء الـلـه-، فأقبل رجل على فرس، فضربني وتترست له، فلم يصنع سيفه شيئاً وولى، وضربت عرقوب فرسه، فوقع على ظهره. فجعل النبي صلى الـلـه عليه وسلم يصيح: يا ابن أم عمارة، أمك، أمك! قالت: فعاونني عليه حتى قتلته. قال عبد الـلـه بن زيد (ابن أم عمارة): جرحت يومئذٍ جرحاً في عضدي اليسرى، ضربني رجل كأنه الرقل، ولم يعرج علي، ومضى عني. وجعل الدم لا يرقا، فقال رسول الـلـه صلى الـلـه عليه وسلم : أعصب جرحك، فتقبل أمي إلي، ومعها عصائب في حقويها قد أعدتها للجراح، فربطت جرحي، والنبي واقف ينظر إلي، ثم قالت: انهض بني فضارب القوم، فجعل النبي صلى الـلـه عليه وسلم يقول: ومن يطيق ما تطيقين يا أم عمارة! قالت: وأقبل الرجل الذي ضرب ابني، فقال رسول الـلـه: هذا ضارب ابنك، قالت: فرأيت رسول الـلـه يبتسم حتى رأيت نواجذه، وقال: استقدت يا أم عمارة، ثم أقبلنا نعله بالسلاح حتى أتينا على نفسه، فقال النبي صلى الـلـه عليه وسلم :الحمد لله الذي ظفرك وأقر عينك من عدوك، وأراك ثأرك بعينك. قال عبد الـلـه بن زيد بن عاصم: شهدت أحداً مع رسول الـلـه، فلما تفرق الناس عنه دنوت منه أنا وأمي نذب عنه، فقال صلى الـلـه عليه وسلم : يا ابن أم عمارة؟ قلت نعم، قال: ارم، فرميت بين يديه رجلاً من المشركين بحجر، وهو على فرس، فاضطرب الفرس حتى وقع هو وصاحبـه، وجعلت أعلوه بالحجارة، حتى نضدت عليه منها وقراً، والنبي صلى الـلـه عليه وسلم ينظر ويبتسم. ونظر جرح أمي على عاتقها فقال: أمك أمك، أعصب جرحها، بارك الـلـه عليكم من أهل بيت،

مقام أمك خير من مقام فلان وفلان. رحمكم الله أهل البيت، ومقام ربيبك (يعني زوج أمه) خير من مقام فلان وفلان، رحمكم الله أهل البيت.

قالت (أم عمارة): ادع الله أن نرافقك في الجنة، فقال صلى الله عليه وسلم : اللهم اجعلهم رفقائي في الجنة. فقالت: ما أبالي ما أصابني من الدنيا. وشهدت الحديبية، وخيبر، وعمرة القضاء، وحنيناً، ويوم اليمامة وقطعت يدها.

وروت عن النبي صلى الله عليه وسلم أحاديث، فقالت أم عمارة: دخل علي رسول الله صلى الله عليه وسلم عائداً لي، فقربت إليه طفيشلة وخبز شعير، قالت: فأصاب منه وقال: تعالي فكلي. فقلت: يا رسول الله إني صائمة (في غير شهر رمضان) فقال: إن الصائم إذا أكل عنده لم تترك الملائكة تصلي حتى يفرغ من طعامه.

وشهدت يوم اليمامة - فقدمت المدينة وبها الجراحة، ولقد رئي أبو بكر يأتيها، يسأل بها، وهو يومئذٍ خليفة وأوصى خالد بن الوليد بها.

وأتى عمر بن الخطاب بمروط (كساء من صوف)، فكان فيها مرط جيد واسع، فقال بعضهم لو أرسلت بهذا المرط إلى زوجة عبد الله بن عمر ، صفية بنت أبي عبيد. فقال: أبعث به إلى من هو أحق به منها، أم عمارة، نسيبة بنت كعب. سمعت رسول الله صلى الله عليه وسلم يقول يوم أُحد: ما التفت يميناً ولا شمالاً إلا وأنا أراها تقاتل دوني.

وقد تزوجت أم عمارة ثلاثة، كلهم لهم منها ولد، غزية بن عمرو المازني، لها منه تميم بن غزية وتزوجت زيد بن عاصم بن كعب المازني، ولها منه خبيب الذي قطعه مسيلمة، وعبد الله بن زيد، قتل بالحرة، والثالث نسيبة، ومات ولده ولم يعقب.

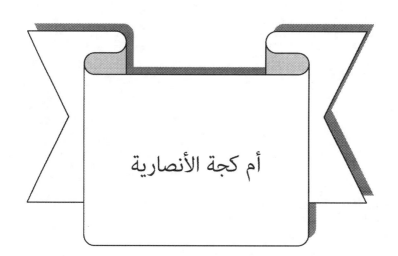

أم كجة الأنصارية

هي امرأة أوس بن ثابت الأنصاري، فقد توفي أوس، وترك بنات وامرأة يقال لها أم كجة، فقام رجلان من بني عمه يقال لهما سويد وعرفجة، فأخذا ماله، ولم يعطيا امرأته ولا بناته شيئاً، فجاءت أم كجة إلى رسول الله صلى الله عليه وسلم فذكرت له، فنزلت آية المواريث.

قالت أم كجة للنبي صلى الله عليه وسلم : يا رسول الله إن لي ابنتين، قد مات أبوهما يوم أحد، وأخذ عمهما مالهما كله. فأنزل الله عز وجل: (**لِلرِّجَالِ نَصِيبٌ مِمَّا تَرَكَ الْوَالِدَانِ وَالْأَقْرَبُونَ وَلِلنِّسَاءِ نَصِيبٌ مِمَّا تَرَكَ الْوَالِدَانِ وَالْأَقْرَبُونَ**)(النساء: من الآية٧) ثم أنزل الله عز وجل:

(**يُوصِيكُمُ اللَّهُ فِي أَوْلادِكُمْ لِلذَّكَرِ مِثْلُ حَظِّ الْأُنْثَيَيْنِ**)النساء: من الآية١١)

فأمر الرسول صلى الله عليه وسلم بإحضار المرأة والرجل (عم البنتين)، وقال للرجل:

"أعطهما الثلثين، وأعط أمهما الثمن، وما بقي فهو لك" قال أبو داود: هذا خطأ، وإنما هما ابنتا سعد بن الربيع، وأما ثابت بن قيس فقتل يوم اليمامة.

وأخرج الطبري من طريف بن جرح عن عكرمة، قال:

نزلت في أم كجة وبنت أم كجة وثعلبة وأوس بن ثابت، وهم من الأنصار، أحد الرجلين زوجها، والآخر عم ولدها.

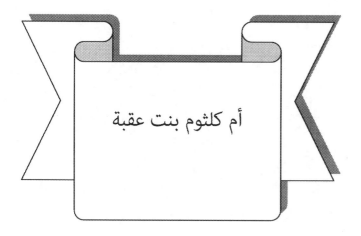

أم كلثوم بنت عقبة

هي بنت عقبة بن أبي معيط، وأمها أروى بنت كريز بن ربيعة، يعود نسب أبويها إلى عبد شمس بن عبد مناف بن قصي.

أسلمت بمكة، وبايعت قبل الهجرة، وهي أول من هاجر من النساء بعد أن هاجر رسول الله صلى الله عليه وسلم إلى المدينة. وهي القرشية الوحيدة التي خرجت من بين أبويها مسلمة مهاجرة إلى الله ورسوله، فقد خرجت من مكة مع رجل من خزاعة (اطمأنت إليه، لدخول خزاعة في عهد رسول الله وعقده). حتى قدمت المدينة في صلح الحديبية. وخرج في أثرها أخواها الوليد وعمارة ابنا عقبة، فقدما المدينة من الغد، فقالا: يا محمد، أوف لنا بشرطنا وما عاهدتنا عليه، فقال صلى الله عليه وسلم : قد نقض الله العقد في النساء، فانصرفا. وكانت أم كلثوم قد دخلت على أم سلمة (زوج النبي صلى الله عليه وسلم) متنقبة، فما عرفتها حتى انتسبت وكشفت النقاب، فقالت لها أم سلمة: هاجرت إلى الله عز وجل وإلى رسول الله صلى الله عليه وسلم ؟ قالت : نعم، وأنا أخاف أن يردني كما رد أبا جندل وأبا بصير، وحال الرجال ليس كحال النساء.

فلما دخل رسول الله صلى الله عليه وسلم على أم سلمة، أخبرته خبر أم كلثوم، فرحّب بها وسّهل، ثم قالت له أم كلثوم: يا رسول الله، إني فررت إليك بديني فامنعني، ولا تردني إليهم لكيلا يفتنوني ويعذبوني، ولا صبر لي على العذاب، إنما أنا امرأة، وضعف النساء إلى ما تعرف.فأبقاها رسول الله صلى الله عليه وسلم ، ولم يردها إلى قريش، وفيها نزل قوله عز وجل: (**يَا أَيُّهَا الَّذِينَ آمَنُوا إِذَا جَاءَكُمُ الْمُؤْمِنَاتُ مُهَاجِرَاتٍ فَامْتَحِنُوهُنَّ اللَّهُ أَعْلَمُ بِإِيمَانِهِنَّ فَإِنْ عَلِمْتُمُوهُنَّ مُؤْمِنَاتٍ فَلَا تَرْجِعُوهُنَّ إِلَى الْكُفَّارِ لَا هُنَّ حِلٌّ لَهُمْ وَلَا هُمْ يَحِلُّونَ لَهُنَّ**)(الممتحنة: من الآية١٠). فامتحنها رسول الله صلى الله عليه وسلم وامتحن النساء بعدها، وكان يقول لهن صلى الله عليه وسلم : و الله ما أخرجكن إلا حب الله ورسوله والإسلام، وما خرجتن لزوج ولا مال، فإذا قلن ذلك تركن وحبسن فلم يرددن إلى أهليهن.

ولم تكن متزوجة في مكة، فلما قدمت المدينة تزوجها زيد بن حارثة بن شرحبيل الكلبي، ثم قتل عنها يوم مؤتة، فتزوجها الزبير بن العوام، فولدت له زينب، ثم طلقها، فتزوجها عبد الرحمن بن عوف، فولدت له إبراهيم وحميداً، ومنهم من يقول إنها ولدت لعبد الرحمن إبراهيم وحميداً ومحمداً وإسماعيل. ومات عنها، فتزوجها عمرو بن العاص، فمكثت عنده شهراً وماتت.

وهي أخت عثمان لأمه. روى عنها ابنها حميد بن عبد الرحمن، وروى عنها حميد بن نافع وغيره. وروي عنها أنها سمعت رسول الله صلى الله عليه وسلم يقول:"ليس الكاذب الذي يقول خيراً، وينمي خيراً ليصلح بين الناس".

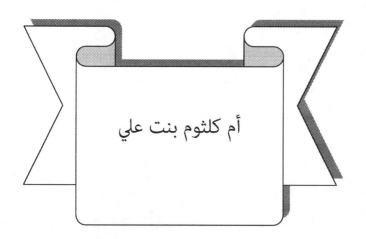

أم كلثوم بنت علي

هي بنت أمير المؤمنين علي بن أبي طالب بن عبد المطلب. وأمها فاطمة بنت رسول الـلـه صلى الـلـه عليه وسلم . تزوجها عمر بن الخطاب، رضي الـلـه عنه، وهي جارية لم تبلغ، فلم تزل عنده إلى أن قتل، وولدت له زيد بن عمر، ورقية بنت عمر.

ثم تزوجها بعد عمر عون بن جعفر بن أبي طالب، فتوفي عنها، فخلف عليها أخوه عبد الـلـه بن جعفر بن أبي طالب، بعد أختها زينب بنت علي.

فقالت أم كلثوم: إني لأستحي من أسماء بنت عُميس، أن ابنيها ماتا عندي، وإني لأتخوف على هذا الثالث فهلكت عنده، ولم تلد لأحد منهم.

لما خطب عمر بن الخطاب إلى علي بن أبي طالب ابنته أم كلثوم، قال علي: إنما حسبت بناتي على بني جعفر فقال عمر: انكحنيها يا علي، فوالله ما على ظهر الأرض رجل يرصد من حسن صحابتها ما أرصد. فقال علي: قد فعلت. فجاء عمر إلى مجلس المهاجرين في الروضة (بين القبر والمنبر). فقال: رفؤوني، فرفؤوه، وقالوا: بمن يا أمير المؤمنين؟ قال: بابنة علي بن أبي طالب. ثم أنشأ يخبره فقال: إن النبي صلى الـلـه عليه وسلم قال: كل نسب وسبب منقطع يوم القيامة إلا نسبي وسببي، وكنت قد صحبته فأحببت أن يكون هذا أيضاً.

قال محمد بن عمر وغيره: لما خطب عمر بن الخطاب إلى علي ابنته أم كلثوم، قال: يا أمير المؤمنين إنها حبيبة فأقر علي بها فصنعت، ثم أمر ببرد، فطواه، وقال انطلقي بهذا إلى أمير المؤمنين، فقولي أرسلني أبي يقرئك السلام ويقول إن رضيت البرد فأمسكه وان سخطته فرده. فلما أتت عمر: قال: بارك الـلـه فيك وفي أبيك. قد رضينا فرجعت إلى أبيها فقالت: ما نشر البرد ولا نظر إلا إلي. فزوجها إياه، فولدت له غلاماً يقال له زيد، وبنتاً اسمها رقية.

ولقد توفيت ام كلثوم وابنها زيد في وقت واحد، وكان زيد قد أصيب في حرب كانت بين بني عدي، خرج ليصلح بينهم فضربه رجل منهم في الظلمة فشجه وصرعه، فعاش أياماً ثم مات هو وأمه، وصلى عليهما عبد الـلـه بن عمر، فجعل زيداً مما يليه، وأم
كلثوم مما يلي القبلة، وكبر عليهما أربعاً.

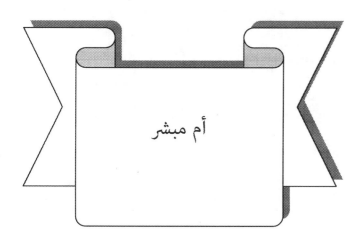

أم مبشر

هي أم مبشر الأنصارية، وامرأة زيد بن حارثة. أسلمت وبايعت رسول الـلـه، وروت عنه، وروى عنها جابر بن عبد الـلـه. قالت : دخل علي رسول الـلـه صلى الـلـه عليه وسلم ، وأنا في نخل لي، فقال: "من غرسه، مسلم أو كافر"؟

قلت: مسلم. قال: "ما من مسلم يغرس غرساً أو يزرع زرعاً فيأكل منه إنسان أو طائر أو سبع[1] إلا كان له صدقة".

قالت أم مبشر: إنها سمعت النبي صلى الـلـه عليه وسلم يقول عند حفصة: "لا يدخل إن شاء الـلـه النار أحد من أصحاب الشجرة الذين بايعوا تحتها."

قالت حفصة: بلى يا رسول الـلـه. فانتهرها. فقالت:(**وَإِنْ مِنْكُمْ إِلَّا وَارِدُهَا**)(مريم: من الآية٧١).

فقال النبي صلى الـلـه عليه وسلم : قد قال:(**ثُمَّ نُنَجِّي الَّذِينَ اتَّقَوْا وَنَذَرُ الظَّالِمِينَ فِيهَا جِثِيّاً**) (مريم:٧٢)

وقد ورد الحوار السابق بين النبي صلى الـلـه عليه وسلم وزوجته حفصة، وفي الإصابة بالشكل الآتي روى عنها جابر بن عبد الـلـه أحاديث، منها قوله صلى الـلـه عليه وسلم : "لا يدخل النار أحد شهد بدراً أو الحديبية". فقالت حفصة : فأين قول الـلـه عز وجل: "وان منكم إلا واردها، فقال رسول الـلـه صلى الـلـه عليه وسلم وقال: "ثم ننجي الذين اتقوا....".

---

(١) وفي رواية صحيحة: أو بهيمة.

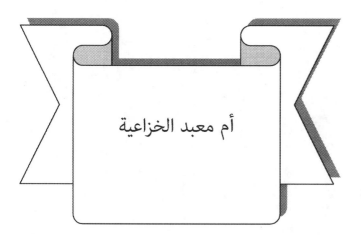

أم معبد الخزاعية

اسمها عاتكة بنت خالد بن خليف بن منقذ، من خزاعة. تزوجها ابن عمها تميم بن عبد العزى بن منقذ، وكان منزلها بقديد، وهي التي نزل عندها رسول الله صلى الله عليه وسلم حين هاجر إلى المدينة. قالت أم معبد: طلع علينا أربعة على راحلتين، فنزلوا بي، فجئت رسول الله صلى الله عليه وسلم بشاة أريد أن أذبحها: فإذا هي ذات در: فأدنيتها منه، فلمس ضرعها، فقال: لا تذبحيها، فأرسلتها.

وأضافت أم معبد قائلة: وجئت بأخرى، فذبحتها، فطحنت لهم، فأكل هو -عليه السلام- وأصحابه وهم: أبو بكر الصديق، ومولاه (عامر بن عامر بن فهيرة)، وعبد الله بن أريقط (دليل الرسول صلى الله عليه وسلم في الهجرة)، وهو على شركه، وقد تغذى رسول الله صلى الله عليه وسلم ، هو وأصحابه منها، وبقي عندنا لحمها أو أكثره، فبقيت الشاة التي لمس رسول الله صلى الله عليه وسلم ضرعها عندنا، حتى كان زمان الرمادة، أيام عمر بن الخطاب، سنة ثماني عشرة من الهجرة، وكنا إليها صبوحاً وغبوقاً، وما في الأرض قليل ولا كثير.

ومن الجدير بالذكر أن أم معبد كانت يومذاك مسلمة. وقيل أنها أسلمت بعد ذلك.

وروي أن الرسول صلى الله عليه وسلم وأبا بكر ومن معهما، مروا على خيمة أم معبد الخزاعية، وكانت امرأة برزة (التي تجالس الرجال) جلدة، تسقي وتطعم بفناء الكعبة، فسألوها لحماً وتمراً ليشتروه، فلم يصيبوا عندها شيئاً، وكان القوم مرملين، وفي كسر الخيمة شاة، فقال رسول الله صلى الله عليه وسلم : "يا أم معبد، هل بها من لبن؟" قالت: هي أجهد من ذلك، فقال: "أتأذنين لي أن أحلبها؟" قالت: نعم، إن رأيت بها حليباً. فمسح صلى الله عليه وسلم بيده ضرعها، وسمى الله، ودعا لها في شاتها، فدرت واجترت، فدعا بإناء فحلب فيه حتى علاه البهاء، ثم سقاها حتى رويت، ثم سقى أصحابه حتى رووا، وشرب آخرهم، ثم حلب فيه ثانياً ثم غادره عندها، وبايعها وارتحلوا عنها.

ثم جاء زوجها أبو معبد يسوق عنزاً عجافاً، فلما رأى اللبن عجب وقال:

من أين لك هذا اللبن يا أم معبد، والشاة عازب حيال، ولا حلوب في البيت؟. قالت: لا و اللـه إلا أنه مرّ بنا رجل مبارك من حاله كذا وكذا.. قال: صفيه لي يا أم معبد.

قالت: رأيت رجلاً ظاهر الوضاءه، أبلج الوجه[١]، حسن الخلق، لم تصبه نجلة[٢]، ولم تزر به صعلة، وسيم قسيم، في عينه دعج[٣]، وفي أشفاره غطف[٤]، وفي عنقه سطع، وفي صوته صحل[٥]، وفي لحيته كثافة، إذج أقرن[٦]، ان صمت فعليه الوقار، وان تكلم سماه وعلاه البهاء. أجمل الناس وأبهاه من بعيد، وأحسنه وأجمله من قريب.. حلو المنطق، فصل لا نزر ولا هذر، كأن منطقه خرزات نظم يتحدرن، ربعة[٧] لا بائن من طول، ولا تقتحمه عين من قصر، غصن بين غصنين فهو أنضر الثلاثة منظراً، وأحسنهم قدراً، له رفقاء يحفون به، ان قال أنصتوا لقوله، وان أمر تباجروا إلى أمره، محفود محشود، لا عابس، ولا مفند، قال أبو معبد: هو و اللـه صاحب قريش، الذي ذكر لنا من أمره بمكة،ولقد هممت أن أصحبه، ولأفعلن إن وجدت إلى ذلك سبيلاً.

فأصبح صوت بمكة عالياً، يسمعون الصوت ولا يدرون من صاحبه وهو يقول:

جزى اللـه رب الناس خير جزائه ... وفيقين حلا خيمتي أم مَعبدِ

هما نزلاها بالهدى فاهتدت به ... فقد فاز من أمسى رفيق محمد

فلما سمع ذلك حسان بن ثابت، جعل يجاوب الهاتف وهو يقول:

---

(١) جميل الوجه.

(٢) نجل: عظم بطنه واسترخى (أي انه صلى اللـه عليه وسلم) كان جسمه متناسق ليس فيه عيب.

(٣) اتساع من شدة السواد والبياض.

(٤) اهدابه غزيرة وطويلة.

(٥) صحل: بحة.

(٦) صاجاه دقيقان فيهما طول وتقوس يلتقي طرفهما.

(٧) الربعة: ليس بالطول ولا بالقصر.

لقـد خـاب قـوم غـاب عـنهم نبـيهم وقـــدس مـــن يســـي إليـــه ويفتـــدي

ترحـــل عـــن قـــوم فضـــلت عقـــولهم وحـــل عـــلى قـــوم بنـــور مجـــدد

هـــداهم بـــه بعـــد الضـــلالة ربهـــم وأرشـــدهم مـــن يتبـــع الحـــق يرشـــد

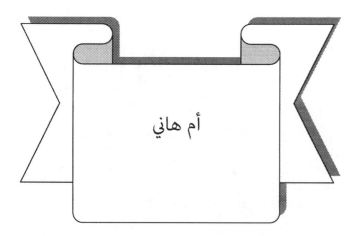

أم هاني

هي بنت أبي طالب بن عبد المطلب بن هاشم بن عبد مناف بن قصي، واسمها (فاختة) وقيل: هند. تزوجها هبيرة بن أبي وهب بن عمرو المخزومي، وقد أسلمت عام الفتح، ولم يسلم زوجها، وهرب إلى نجران.

وكان النبي صلى الله عليه وسلم قد خطب إلى أبي طالب أم هاني، وخطبها منه هبيرة بن أبي وهب، فزوجها هبيرة، فعاتبه النبي صلى الله عليه وسلم ، فقال أبو طالب: يا ابن أخي، إنا قد صاهرنا إليكم، والكريم يكافئ الكريم.

ثم فرق الإسلام - كما مر- بين أم هانئ وبين هبيرة، فخطبها النبي صلى الله عليه وسلم ، فقالت: و الله إني كنت لأحبك في الجاهلية، فكيف في الإسلام؟ ولكني امرأة مصيبة، فأكره أن يؤذوك، فقال صلى الله عليه وسلم : خير نساء ركبن الإبل نساء قريش، أحناه على ولد في صغره، وأرعاه على زوج في ذات يده.

وروي أن الرسول صلى الله عليه وسلم عندما خطب أم هانئ، قالت له: يا رسول الله، لأنت أحب إلي من سمعي وبصري، وحق الزوج عظيم، فأخشى إن أقبلت على زوجي أن أضيع بعض شأني وولدي، وان أقبلت على ولدي أن أضيع حق الزوج. فقال رسول الله صلى الله عليه وسلم :"إن خير نساء ركبن الإبل نساء قريس، أحناه على ولد في صغره، وأرعاه على بعل في ذات يده." وروي - كذلك- ان رسول الله صلى الله عليه وسلم دخل على أم هانئ، فخطبها إلى نفسها، فقالت: كيف بهذا ضجيعاً وهذا رضيعاً؟ (لولدين بين يديها).

فاستسقى، فأتى بلبن فشرب، ثم ناولها فشربت سؤره، فقالت: لقد شربت وأنا صائمة، قال - عليه الصلاة والسلام- فما حملك على ذلك؟ قالت: من أجل سؤرك، لم أكن لأدعه لشيء لم أكن أقدر عليه، فلما قدرت عليه شربته، فقال رسول الله صلى الله عليه وسلم : "نساء قريش خير نساء ركبن الإبل، أحناه على ولد في صغره، وأرعاه على زوج في ذات يده". ولما أدرك بنوها، عرضت نفسها على النبي صلى الله عليه وسلم فقال: أما الآن فلا، لأن الله أنزل عليه: (**يَا أَيُّهَا النَّبِيُّ إِنَّا أَحْلَلْنَا لَكَ أَزْوَاجَكَ اللَّاتِي آتَيْتَ أُجُورَهُنَّ....هَاجَرْنَ مَعَكَ**) ولم تكن أم هانئ من المهاجرات.

وقد ولدت لهبيرة بن أبي وهب: جعده، وعمراً، ويوسف، وهانئاً.عاشت إلى ما بعد سنة خمسين للهجرة، وروت عن النبي صلى الله عليه وسلم أحاديث في الكتب الستة وغيرها، وروى عنها ابنها جعده، وابنه يحيى وحفيدها هارون ومولاها أبو مرة وأبو صالح وابن عمها عبد الله بن عباس وعبد الله بن الحارث بن نوفل الهاشمي وولده عبد الله وعبد الرحمن بن أبي ليلى ومجاهد وعروة وآخرون.

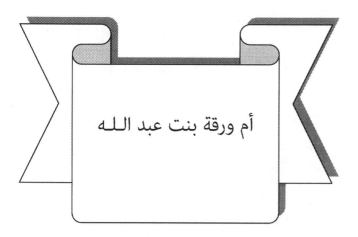

أم ورقة بنت عبد الله

أم ورقة بنت عبد الله بن الحارث الأنصارية. كانت امرأة مؤمنة صالحة، حريصة على تعلم القرآن وحفظه، فحفظت منه جزءاً كانت تقرؤه على مسمع من جيرانها وأهلها، وكان رسول الله صلى الله عليه وسلم يزورها، ويعجبه حرصها على القرآن.

وقد استأذنت أم ورقة رسول الله صلى الله عليه وسلم أن تتخذ في بيتها مؤذناً، يؤذن لها في أوقات الصلوات الخمس، فأذن لها، فكان مؤذنها يرفع الآذان، وكانت هي تتلو القرآن، فكان بيتها بيتاً للقرآن، وبسبب ذلك كان رسول الله صلى الله عليه وسلم يزورها، ويدعو أصحابه لزيارتها بعبارته الشهيرة: تعالوا بنا نزور الشهيدة.

وعندما انطلق رسول الله صلى الله عليه وسلم لاعتراض قافلة أبي سفيان جاءت أم ورقة إلى رسول الله صلى الله عليه وسلم فقالت له: يا رسول الله، لو أذنت لي فغزوت معكم، فمرضت مريضكم، وداويت جريحكم، فلعل الله أن يرزقني الشهادة.

فقال لها رسول الله صلى الله عليه وسلم : "قِرّي في بيتك، فإن الله سيهدي إليك الشهادة في بيتك".

ومن يومئذٍ كانت أم ورقة الشهيدة الحية.. وكان المسلمون يطلقون عليها هذا اللقب: الشهيدة. وكان لأم ورقة غلام يخدمها وجارية تقوم على أمر بيتها، فتآمرا عليها، فغمياها بقطيفة حتى ماتت، وخرجا هاربين.

وفي صباح هذا اليوم الذي استشهدت فيه أم ورقة، أنصت عمر بن الخطاب لعله يسمع قراءتها للقرآن، فقد اعتاد على سماعها صبيحة كل يوم، فلم يسمع شيئاً، فقال لمن حوله: و الله ما سمعت قراءة خالتي أم ورقة. ثم نهض إلى بيتها فطرقه، فلم يسمع جوابها فدخل فوجدها قتيلة.

وأمر عمر من يبحث عن غلامها وجاريتها، فلما جيء بهما أقرا بقتلها، فاقتص عمر منهما.

رحم الله أم ورقة الأنصارية التي تمنت الشهادة فأهداها الله لها في بيتها ببشارة من رسول الله صلوات الله وسلامه عليه.

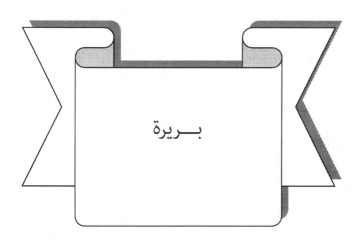

بـريرة

بريرة أو بُرة هي مولاة عائشة بنت أبي بكر الصديق. أم المؤمنين كانت مولاة لقوم من الأنصار أو لغيرهم، فاشترتها عائشة، فأعتقتها، وكانت تخدم قبل أن تشتريها.

قالت عائشة (رضي الـلـه عنها): دخلت على بريرة وهي مكاتبة، فقالت: اشتريني، فقلت: نعم، فقالت: إن أهلي لا يبيعونني حتى يشترطوا ولائي، فقلت لا حاجة لي فيك.

فسمع ذلك رسول الـلـه صلى الـلـه عليه وسلم أو بلغه، فقال: ما بال بريرة؟ فأخبرته، فقال: اشتريها واعتقيها، ودعيهم فيشترطون ما شاءوا. فاشتريتها فأعتقتها. وقال رسول الـلـه صلى الـلـه عليه وسلم : "الولاء لمن اعتق، ولو اشترطوا مئة مرة".[١]

قالت عائشة: قام النبي صلى الـلـه عليه وسلم خطيباً في شأن بريرة حين أعتقها، واشترط أهلها الولاء، فقال: "ما بال أقوام يشترطون شروطاً ليست في كتاب الـلـه!

من اشترط شرطاً ليس في كتاب الـلـه، فشرطه باطل، وان اشترط مئة مرة، فشرط الـلـه أحق وأوثق".

قال عطاء: كان زوج بريرة عبداً مملوكاً لبني المغيرة، يدعى مغيثاً، فلما أعتقت، خيرها رسول الـلـه صلى الـلـه عليه وسلم وكان ابن أبي ليلى يرى الخيار لها من المملوك، ولا يراه لها من الحرّ.

خَيَّرَ رسول الـلـه صلى الـلـه عليه وسلم بريرة، فكلمها فيه (أي زوجها) فقالت: يا رسول الـلـه، أشيء واجب علي؟ قال: لا إنما أشفع له. قالت: فلا حاجة لي فيه.

تصدق على بريرة بلحم، فقصبوه، فقدموا إلى رسول الـلـه صلى الـلـه عليه وسلم طعاماً بأدم غير اللحم. فقال: ألم أر عندكم لحماً؟ قالوا: يا رسول الـلـه، إنما هو لحم تصدق به على بريرة. فقال رسول الـلـه صلى الـلـه عليه وسلم : هو صدقه على بريرة وهدية لنا.[٢]

---

(١) اسناد صحيح، أخرجه البخاري.

(٢) لان النبي لا يأكل الصدقة

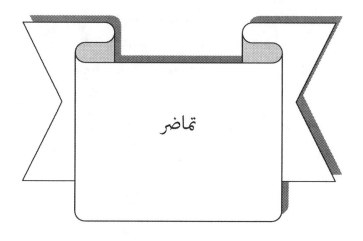

تماضر

هي بنت الاصبغ بن عمرو بن ثعلبة الكلبية، وأمها جويرية بنت وبرة من بني كنانة ابن عوف من كلب. وهي من أهل دومة الجندل من أطراف دمشق، تزوجها الصحابي الجليل عبد الرحمن بن عوف، ولزواجه منها قصة..

فقد بعث النبي صلى الله عليه وسلم عبد الرحمن بن عوف إلى قبيلة كلب، وكان على رأسه عمامة سوداء، فنفضها رسول الله صلى الله عليه وسلم بيده، وعممه بيده، وأسدلها بين كتفيه قدر شبر وقال: هكذا فاعتم يا بن عوف. اغد باسم الله، فجاهد في سبيل الله، تقاتل من كفر بالله، إذا لقيت شرفاً[1] فكبر، وإذا ظهرت فهلل، وإذا هبطت فاحمد واستغفر، وأكثر من ذكرى عسى أن يفتح بين يديك، فإن فتح على يديك، فتزوج بنت ملكهم أدنيت شريفهم (وكان الاصبغ بن عمرو بن ثعلبة شريفهم) فتزوج بنته تماضر، فولدت له أبا سلمة ابن عبد الرحمن الفقيه.

وقد سكنت تماضر المدينة، وأدركت سيدنا الرسول محمد صلى الله عليه وسلم . ولما قدم بها عبد الرحمن بن عوف المدينة رغب القرشيون في جمالها، فجعلوا يسترشدونها فترشدهم إلى بنات أخواتها وبنات أخوتها. وتماضر هي أول كلبية نكحها قريش، ولم تلد لعبد الرحمن بن عوف غير أبي سلمة. ولما مرض عبد الرحمن جرى بينه وبين تماضر شيء، فقال لها: و الله لئن سألتني الطلاق لأطلقنك. فقالت: و الله لا سألتك. فقال: إذا حضت وطهرت فاعلميني، فلما حاضت وطهرت أرسلت إليه تعلمه فمر رسولها ببعض أهله، فدعاها، فقال لها: أين تذهبين؟ قالت: أرسلتني تماضر إلى عبد الرحمن أعلمه أنها حاضت ثم طهرت.

قال: ارجعي إليها فقولي لها لا تفعلي، فوالله ما كان ليرد قسمه. فرجعت إليها فقالت لها. فقالت: أنا و الله لا أرد قسمي أبداً، اذهبي إليه فاعلميه، فذهبت إليه فأعلمته. فغضب وقال: هي طالق البتة، لا أرجع لها. فلم تمكث إلا يسيراً حتى مات، وكان عبد الرحمن قد قال: لا أورث تماضر شيئاً، ورفع ذلك إلى عثمان، فورثها وكان ذلك في العدة. فصالحوها من نصيبها من ربع الثمن على ثمانين ألفاً وما فوقها، وكان لعبد الرحمن أربع نسوة. وكان عبد الرحمن قد متع تماضر بجارية سوداء عندما طلقها. ثم تزوج الزبير بن العوام تماضر الكلبية، بعد عبد الرحمن، فلم تلبث عنده إلا يسيراً حتى طلقها.

---

(١) الشرف: المكان العالي.

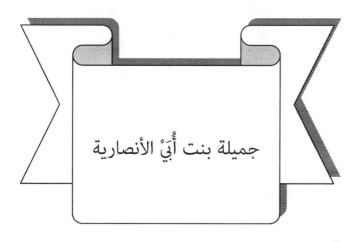

جميلة بنت أُبَيْ الأنصارية

جميلة بنت أُبي إحدى نساء الخزرج من الأنصار، وهي في بيت السيادة فيهم، وكان الأنصار أوسهم وخزرجهم يملكون أخاها عبد اللـه بن أبي عليهم لولا ظهور الإسلام وهجرة الرسول صلى اللـه عليه وسلم إلى المدينـة. ولأن أخاها عبد اللـه بن أبي رأى أن رسول اللـه ودين الإسلام قد انتزعا منه ملكاً وقف في الصف المعادي، وتزعم حزب المنافقين بالمدينة. وقد رأف به رسول اللـه صلى اللـه عليه وسلم في مواقف عدة، وأبى أن يقتله في مواقف كان فيهـا مثيراً للفتنة في صفوف المسلمين.وعلى رغم هذا الموقف من عبد اللـه بن أُبي إلا أن ابنه عبد اللـه بن عبد اللـه بن أبي أسلم، وأخلص في إسلامه، وكذلك أخته جميلة، قد أسملت وأخلصت في إسلامها.

تزوجت جميلة بنت أُبي من الصحابي الجليل ثابت بن قيس بن شماس الذي كان يقال له: خطيب رسول اللـه صلى اللـه عليه وسلم ، إذ كان الرسول ينتدبه ليرد على خطباء القبائل التي تفـد إليه. وكان ثابت بن قيس دميم الخلقة، فكرهته جميلة وتركته، ولم تحتمل أن تستمر معه في بيت الزوجية..

جاءت جميلة إلى رسول اللـه صلى اللـه عليه وسلم وقالت له: يا رسول اللـه، لا أنا ولا ثابت.

قال عليه الصلاة والسلام: ولـم؟.

قالت: و اللـه يا رسول اللـه لا أعيب على ثابت في خلق ولا دين. ولكني أكـره الكفر بعد الإسلام. وإني لا أطيقه بغضاً.

قال رسول اللـه صلى اللـه عليه وسلم : ما أصدقك[1]؟

قالت: قدم لي حديقته. فقال عليه الصلاة والسلام: أتردين عليه حديقته؟

قالت: نعـم. ففرق بينهما رسول اللـه صلى اللـه عليه وسلم .

وكانت جميلة بنت أُبي أول امرأة طلبت الخلع من زوجها في الإسلام، وكان هذا أول خلع في الإسلام. لهذا عرفت جميلة بنت أُبي بالمختلعة.

والمختلعة من النساء هي التي كرهت عشرة زوجها وطلبت أن تنفصل عنه، وحكم لها القاضي بذلك.

(١) أي ماذا قدم لك صداقا في زواجكما؟ والصداق هو المهر.

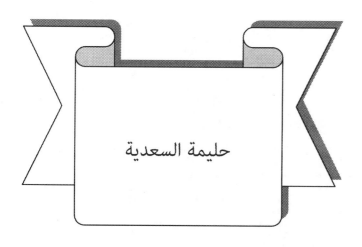

حليمة السعدية

هي حليمة بنت أبي ذؤيب السعدية مرضعة الرسول صلى الله عليه وسلم . وكان من عادة أشراف مكة أنه إذا ولد لهم وليد التمسوا له المراضع في أهل البادية وكان بنو سعد بن بكر في بادية مكة، فيهم يسترضع أهل مكة أولادهم.

خرجت حليمة السعدية فيمن خرج من نساء بني سعد يلتمسون المراضع في مكة، وأقبل الأشراف المكيون على المراضع من بني سعد يعرضون عليهم أبناءهم، وأقبل عبد المطلب بحفيده محمد بن عبد الله ليعرضه على أولئك النسوة، فكن إذا علمن أنه يتيم الأب، انصرفن عنه، وزهدن فيه، لأنهن إنما يرجون الجائزة من آباء الأطفال، وهذا يتيم الأب. فأي جائزة ترجى من ورائه؟ وانصرفت كل امرأة من بني سعد جاءت مكة بوليد، إلا حليمة السعدية فلما خصها الله من كرامة لم تستطع أن تظفر بوليد ترضعه، فالتفتت إلى زوجها الحارث بن عبد العزى السعدي، وقالت له: و الله إني لأكره أن أرجع من بين صواحبي ولم آخذ رضيعاً، و الله لأذهبن إلى ذلك اليتيم فلآخذته.

قال زوجها: لا عليك أن تفعلي... عسى الله أن يجعل لنا فيه بركة وذهبت حليمة إلى آمنة بنت وهب.. وإلى عبد المطلب بن عبد مناف. وأخذت منهما محمد بن عبد الله الرضيع، وانصرفت به إلى رحلها.

ولم تكد حليمة تستقر في خيمتها حتى ألقمت محمداً ثديها، فأقبل عليه بما شاء من اللبن، فشرب حتى روي، وقام زوجها الحارث إلى ناقتهم، وكانت عجفاء لا تدر لبناً، فما هو إلا أن مد إلى ضرعها يده حتى درت، فحلب منها وشرب، ثم حلب منها وأعطى زوجه فشربت.

يقول الحارث لزوجه حليمة: و الله يا حليمة لقد أخذت قسمة مباركة.

قالت حليمة: و الله إني لأرجو ذلك.

ولم تزل حليمة السعدية تجد البركة في منزلها، والخير في أنعامها. ولم يزل عندها محمد حتى رأت أن تعيده إلى أمه. ومرت الأيام. وبعث محمد بالرسالة. ونصره الله على الشرك، وهاجر إلى الطائف، وسبى من نسائها وكان من بينهم هذه الأسرة التي أرضعته، فقدمت عليه حليمة فعرفها، فبسط لها رداءه تكريماً لها.

كانت حليمة السعدية مرضعة رسول الله صلى الله عليه وسلم فكانت أمه من الرضاع، وكان زوجها الحارث بن عبد العزى أبوه من الرضاع، وكان أولادهما: عبدالله بن الحارث، وأنيسة بنت الحارث وحذافة بنت الحارث المعروفة بالشيماء اخوته من الرضاع.

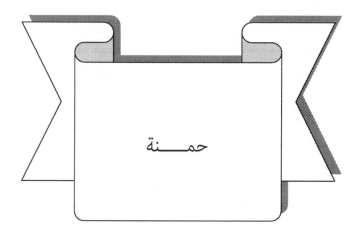

حمنة

هي بنت جحش بن رئاب الأسدية. وأمها أميمة بنت عبد المطلب بن هاشم. كانت حمنة عند مصعب بن عمير: فولدت له ابنه - قتل عنها يوم أحد.

فقد قامت النساء حين رجع رسول الـلـه صلى الـلـه عليه وسلم من أحد يسألن عن الناس عن أهليهن فلم يخبرن حتى أتين النبي صلى الـلـه عليه وسلم ، فلا تسأله امرأة إلا أخبرها فجاءته حمنة بنت جحش - فقال:

يا حمنة: احتسبي أخاك عبد الـلـه بن جحش.

قالت: إنا لله، وإنا إليه راجعون، رحمه الـلـه وغفر له.

ثم قال: يا حمنة، احتسبي خالك حمزة بن عبد المطلب.

قالت : إنا لله، وإنا إليه راجعون، رحمه الـلـه وغفر له.

ثم قال: يا حمنة، احتسبي زوجك مصعب بن عمير.

فقالت: يا حرباه!

فقال النبي صلى الـلـه عليه وسلم : إن للرجل لشعبة من المرأة ما هي له شيء.

وفي رواية أن النبي صلى الـلـه عليه وسلم قال لحمنة:

كيف قلت على مصعب ما لم تقولي على غيره؟

قالت: يا رسول الـلـه، ذكرت يتم ولده.

وقد كانت حضرت أحد تسقي العطشى وتداوي الجرحى، وقد أطعمها رسول الـلـه في خيبر ثلاثين وسقاً.[١]

وتزوجها - بعد مصعب- طلحة بن عبيد الـلـه، فولدت له محمد بن طلحة السجاد، وبه يكنى طلحة. وعمران بن طلحة.

---

(١) الوسق: ستون صاعا، والصاع خمسة ارطال وثلث.

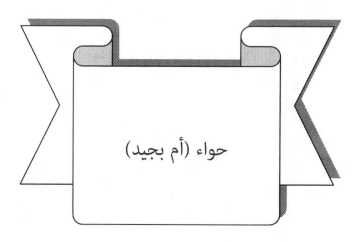

حواء (أم بجيد)

هي جدة عمرو بن معاذ. وهي من المبايعات، قالت: سمعت رسول اللـه صلى اللـه عليه وسلم يقول: "أسفروا بالصبح، فإنه أعظم للأجر".

وروي عنها أنها قالت لرسول اللـه صلى اللـه عليه وسلم : إن المسكين ليقوم ببابي فلا أجد له شيئاً أعطيه، فقال لها: "إن لم تجدي شيئاً تعطيه إياه إلا ظلفا محرقاً فادفعيه إليه في يده."

وقد ورد الحديث بلفظ آخر،وهو أن أم بجيد الأنصاري، سمعت الرسول صلى اللـه عليه وسلم يقول : "ردوا السائل ولو بظلف محرق". وروي أيضاً: "يا نساء المؤمنات، لا تحقرن إحداكن لجارتها ولو بكراع محرق".

وروى مالك الحديث السابق عن زيد بن أسلم عن عمرو بن معاذ عن جدته حواء عن النبي صلى اللـه عليه وسلم قال: "لا تحقرن جارة لجارتها ولو في سن شاة".

ويتضح لنا من الحديثين السابقين، اللذين روتهما أم بُجيد الأنصارية عن الرسول صلى اللـه عليه وسلم أنه يزداد أجر المسلم عندما يتأخر في صلاة الصبح إلى وقت الأسفار، وهو الوقت الذي تبدو فيه الأشياء واضحة إلى حد ما. وكذلك يحثنا رسول اللـه صلى اللـه عليه وسلم على التصدق على الفقراء والمساكين ولو بظلف محرق، وورد في بعض الأحاديث: "تصَدق ولو بشق تمرة". وهذا يعني وجوب تقديم المساعدة للمحتاجين ولو كانت قليلة. كل حسب استطاعته وقدرته.

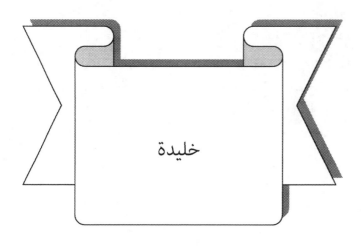

خليدة

هي بنت قيس بن ثابت من بني دهمان. تزوجها البراء بن معرور من بني سلمة، وهو أحد النقباء، فولدت له بشراً، الذي شهد بدراً.

ولقد أسلمت خليدة، وبايعت رسول الـله صلى الـله عليه وسلم وروت عنه. قالت للنبي عليه الصلاة والسلام: يا رسول الـله، هل يتعارف الموتى؟ فقال: "تربت يداك"، وربما قال: "ترب جبينك" النفس الطيبة طير خضر في الجنة، فإن كان الطير يتعارفون في رؤوس الشجر، فإنهم يتعارفون.

وروي عنها أنها قالت: سمعت رسول الـله صلى الـله عليه وسلم يقول لأصحابه: ألا أنبئك بخير الناس رجلاً؟ قالوا: بلى يا رسول الـله، قالت، ورمى بيده نحو المغرب. فقال: رجل آخذ بعنان فرسه ينتظر أن يغير أو يغار عليه. ألا أنبئكم بخير الناس رجلاً بعده؟ قالوا: بلى يا رسول الـله، قالت، ورمى بيده نحو الحجاز، فقال: رجل في غنمه يقيم الصلاة ويؤتي الزكاة ويعلم حق الـله في ماله. قد اعتزل شرور الناس.

وروي عن عائشة (رضي الـله عنها)، أنها قالت: دخلت أم بشر بن البراء (وهي خليدة بنت قيس) على رسول الـله صلى الـله عليه وسلم ، في مرضه الذي مات فيه، وهو محموم، فمسته، فقالت: ما وجدت مثلما عليك يوم أحد. فقال رسول الـله صلى الـله عليه وسلم : كما يضاعف لنا الأجر، كذلك يضاعف علينا البلاء، ما يقول الناس؟

قالت: زعم الناس أن برسول الـله ذات الجنب.

فقال: ما كان الـله ليسلطها علي، إنما هي همزة من الشيطان، ولكنه من الأكلة التي أكلت أنا وابنك يوم خيبر، ما زال يصيبني منها عداد حتى كان هذا، وآن انقطاع أبهري. فمات رسول الـله صلى الـله عليه وسلم شهيداً.

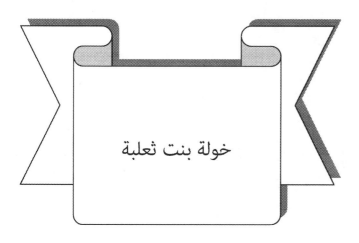

خولة بنت ثعلبة

هي خولة بنت ثعلبة بن أصرم بن فهد بن ثعلبة بن غنم بن عوف، وقيل: خولة بنت مالك بن ثعلبة بن أصرم، ويقال لها -أيضاً- خويلة، ولكن إطلاق خولة عليها أكثر.

تزوجها أوس بن الصامت بن قيس بن أصرم بن فهد، أخو عبادة بن الصامت، وهي (المجادلة)، أسلمت وبايعت رسول الـلـه صلى الـلـه عليه وسلم .

قالت خولة: فيّ و الـلـه وفي أوس، أنزل الـلـه عز وجل صدر سورة المجادلة، قالت: كنت عنده، وكان شيخاً كبيراً قد ساء خلقه وضجر، فدخل عليّ يوماً، فراجعته بشيء فغضب، وقال: أنت علي كظهر أمي.

فقلت له: و الـلـه لقد تكلمتَ بكلام عظيم. ثم عمدت لرسول الـلـه صلى الـلـه عليه وسلم ، فروت له ما حدث بينها وبين أوس. فأرسل رسول الـلـه صلى الـلـه عليه وسلم إلى زوجها فحضر، فقال له: ماذا تقول ابنة عمك؟

قال: صدقت، فقد ظاهرت منها.

فقلت لها: أنت علي كظهر أمي.

فقال له رسول الـلـه صلى الـلـه عليه وسلم : لا تدن منها، ولا تدخل عليها حتى آذن لك. ثم أنزل الـلـه قوله تعالى" (**قَدْ سَمِعَ اللَّهُ قَوْلَ الَّتِي تُجَادِلُكَ فِي زَوْجِهَا وَتَشْتَكِي إِلَى اللَّهِ وَ اللَّهُ يَسْمَعُ تَحَاوُرَكُمَا إِنَّ اللَّهَ سَمِيعٌ بَصِيرٌ**) (المجادلة:١)

وكانت خولة عند رسول الـلـه صلى الـلـه عليه وسلم . فقال لها: (مريه فليعتق رقبة).

قالت: و الـلـه يا رسول الـلـه ما عنده ما يعتق.

قالت (فليصم شهرين متتابعين).

قالت: و الـلـه إنه لشيخ كبير ما به من طاقة.

قال: (فليطعم ستين مسكيناً وسقا تمر).

قالت: يا رسول الله (ما ذاك عنده).

فقال رسول الله صلى الله عليه وسلم : (فأنا سأعينك بعذق من تمر).

قالت: يا رسول الله، وأنا سأعينه بعذق آخر.

فقال: (قد أحببت وأحسنت، فاذهبي فتصدقي به عنه، ثم استوصي بابن عمك خيراً).

قالت : ففعلت. وكان الذي يظاهر في الجاهلية تحرم عليه امرأته إلى آخر الدهر، فكان أول من ظاهر في الإسلام أوس بن صامت. ثم ندم على ما كان منه وقال لامرأته: ما أراك إلا قد حرمت علي.

قالت: ما ذكرت طلاقاً، وإنما كان هذا التحريم فينا قبل ان يبعث الله رسوله، فأتت رسول الله صلى الله عليه وسلم وسألته فأنزل الله سبحانه وتعالى، الآيات السابقة. بعد أن جادلت رسول الله صلى الله عليه وسلم مراراً حين قال لها: "ما أراك إلا قد حرمت عليه".

خرج عمر بن الخطاب ومعه الناس، فمر بعجوز فاستوقفته فوقف. فجعل يحدثها وتحدثه، فقال له رجل: يا أمير المؤمنين، حبست الناس على هذه العجوز.

فقال: ويلك أتدري من هذه؟ هذه امرأة سمع الله شكواها من فوق سبع سموات هذه خولة بنت ثعلبة، التي أنزل الله فيها (قد سمع الله قول التي تجادلك في زوجها وتشتكي إلى الله). و الله لو أنها وقفت إلى الليل ما فارقتها إلا للصلاة. ثم ارجع إليها.

وروى أنها قالت لعمر: اتق الله في الرعية، واعلم أنه من خالف الوعيد قرب عليه البعيد، ومن فاق الموت خشي الفوت.

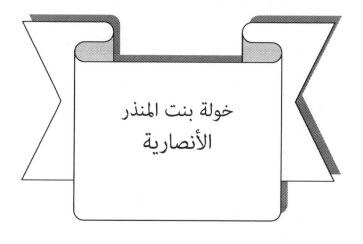

خولة بنت المنذر الأنصارية

هي التي أرضعت إبراهيم بن الرسول صلى الـلـه عليه وسلم ، ولإبراهيم الذي ولد لرسول الـلـه صلى الـلـه عليه وسلم في آخر حياته الشريفة مكانة رمزية كبيرة، رغم أنه لم يعش سوى سنة أو بضع سنة.

لقد كانت الرسالة التي حملها حاطب بن أبي سليقة إلى المقوقس عظيم القبط بمصر تدعوه إلى الإسلام، فلم يستجب المقوقس للدعوة، ولكنه أراد أن يصانع رسول الـلـه صلى الـلـه عليه وسلم بالهدايا، فكان مما أهدى إليه جارية من أبناء القبط سرية جميلة- اسمها مارية القبطية - وقبلها رسول الـلـه صلى الـلـه عليه وسلم وانجب منها ابنه إبراهيم بعد انقطاع عن الإنجاب منذ موت خديجة أم المؤمنين الأولى- رضي الـلـه عنها-.

ملأ السرور جوانح رسول الـلـه صلى الـلـه عليه وسلم بميلاد إبراهيم، فأحاطه برعايته وحنانه، واختار له مرضعة من الأنصار هي خولة بنت المنذر من أخواله بني النجار أنصار الـلـه ورسوله، فقامت بإرضاع إبراهيم ما عاش إبراهيم. وبذا استحقت اللقب الذي لازمها: ظئر إبراهيم.

ومرض إبراهيم الحبيب بعد عام وبعض عام من ميلاده، فأخذه رسول الـلـه في أحضانه وقد أخذه الحنين به والرقة عليه، وانهمرت الدموع من العينين النبويتين على المريض الصغير، ولكن هذا العطف والحزن وهذه الرقة والدموع لم تنسي الرسول تسليمه بقضاء الـلـه، فأخذ ينظر إلى وحيده ويقول: إنا يا إبراهيم لا نغني عنك من الـلـه شيئاً. وأخذت عيناه تفيضان بالدموع وهو يقول: "تدمع العين، ويحزن القلب، ولا نقول إلا ما يرضي الرب، وإنا يا إبراهيم عليك لمحزنون، وإنا لله وإنا إليه راجعون". ونظر رسول الـلـه صلى الـلـه عليه وسلم إلى أمه المحزونة فواساها بقوله: "إن له لمرضعاً في الجنة".

وعندما انكسفت الشمس والمسلمون يدفنون إبراهيم قالوا: لقد انكسفت الشمس لموت إبراهيم.

فرد رسول الـلـه صلى الـلـه عليه وسلم هذا وقال: "إن الشمس والقمر آيتان من آيات الـلـه، ولا تخسفان لموت أحد ولا لحياته".

لقد كان في ميلاد إبراهيم عبر وفي موته عبر على قصر المدة التي عاشها، ولقد كان له في الدنيا مرضعاً خولة.

بنت المنذر.. ظئر إبراهيم. ولإبراهيم في الجنة مرضع ... من الحور العين.

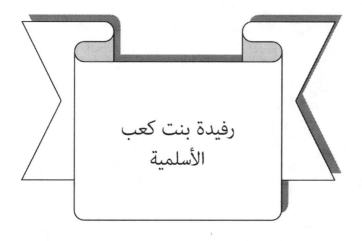

رفيدة بنت كعب
الأسلمية

كانت رفيدة امرأة من أسلم، وأسلم من قبائل الأنصار الذين أووا ونصروا، وكان والدها ممن مارس الطب، فأخذته عنه وبرعت فيه.

كانت رفيدة من أوائل المسلمات الأنصاريات، آمنت بالله ورسوله والرسالة التي ارتضاها الله دستوراً للعالمين.. فبذلت في سبيل ذلك جهدها وطاقتها.

وكانت كما روى ابن كثير في أسد الغابة: "تحتسب بنفسها على خدمة من به ضيعة من المسلمين". بمعنى أنها تفرغت للخدمة الاجتماعية بأوسع صورها. فكانت تخدم من ترى أنه بحاجة إلى هذه الخدمة فقيراً أو يتيماً أو منقطعاً. وكانت تتوج عملها في خدمة المرضى والجرحى من المسلمين.

أقامت رفيدة خيمتها الطبية بجانب المسجد النبوي، تقوم فيها على تطبيب فرض المسلمين. وعندما نشبت المعارك بين الإسلام والشرك، شمرت عن ساعد الجد وخرجت مع المسلمين تداوي جرحاهم، وفي غزوة الخندق نصبت رفيدة خيمتها في ميدان المعركة، فكانت خيمتها هذه أول مستشفى ميداني في الإسلام.

وعندما جرح الصحابي الجليل سعد بن معاذ في معركة الخندق، أمر رسول الله صلى الله عليه وسلم بنقله إلى خيمة رفيدة حتى تقوم على علاجه، فقامت بمهمتها خير قيام، وكان رسولنا الكريم يزور سعداً في خيمة رفيدة ويطمئن على صحته. ويأخذ تقريراً شفوياً بذلك من رفيدة.

وعندما خرج رسول الله صلى الله عليه وسلم إلى معركة خيبر كانت رفيدة معه. وكان معها نسوة يساعدنها في مهمتها، وقامت رفيدة بمهمتها كاملة، فأثنى عليها رسولنا الكريم وأعطاها سهم رجل حارب على فرسه بسيفه. معتبراً ما قامت به في ميدان التمريض مساوياً لما قام به الرجال في ميدان القتال.لقد كانت رفيدة من أولئك النساء اللواتي أفرغن جهدهن في خدمة هذا الدين، وشاركن من خلال ما أجدن من عمل في نصرة الله ورسوله، وكان ما أجادته رفيدة هذا العمل الرائع في تمريض المسلمين، فكانت بحق جديرة بلقب الممرضة الأولى في الإسلام.

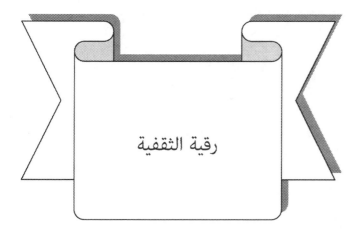

رقية الثقفية

عندما اشتد أذى قريش لرسول الله صلى الله عليه وسلم بعد موت عمه أبي طالب وزوجه خديجة، رأى أن يطلب النصرة من قبيلة ثقيف في الطائف، فذهب إليهم فلم يلق منهم إلا الصدود والأذى. وفي رحلته هذه أسلم رجل وأسلمت امرأة: أما الرجل فعداس، وأما المرأة فرقيقة الثقفية.

حدثت رقيقة قالت: لما أتى النبي صلى الله عليه وسلم يبتغي النصرة من ثقيف بالطائف، دخل علي، فأخرجت له شراباً من سويق، فقال: يا رقيقة، لا تعبدي طاغيتهم، ولا تصلي إليها. قلت: إذاً يقتلونني.

قال: فإذا صليت فولها ظهرك.

وخرج رسول الله صلى الله عليه وسلم من الطائف وقد خذله أهلها،بل أمروا صبيانهم بمطاردته بالحجارة. وقد أثر في نفسيته عليه الصلاة السلام، فجلس غير بعيد من الطائف، ودعا بدعائه المشهور:" اللهم إليك أشكو ضعف قوتي، وقلة حيلتي، وهواني على الناس، يا أرحم الراحمين، أنت رب المستضعفين، وانت ربي، إلى من تكلني؟ إلى بعيد يتجهمني، أم إلى عدو ملكته أمري، إن لم يكن بك علي غضب فلا أبالي، ولكن عافيتك أوسع لي، أعوذ بنور وجهك الذي أشرقت له الظلمات وصلح عليه أمر الدنيا والآخرة، من أن تنزل بي غضبك، أو يحل علي سخطك، لك العتبى حتى ترضى، ولا حول ولا قوة إلا بك."

وعندما أسلمت ثقيف بعد معركة حنين وحصار الطائف، أقبل أبناء رقيقة: سفيان بن قيس بن أبان ووهب بن قيس بن أبان، على رسول الله صلى الله عليه وسلم ، فأسلما وسألهما رسول الله صلى الله عليه وسلم : ما فعلت أمكما؟ قالا : ماتت على الحال التي تركتها عليه. قال عليه الصلاة والسلام : لقد أسلمت أمكما.

وكانت رقيقة أول امرأة تسلم من ثقيف، وقد أسلمت في وقت صدت فيه ثقيف رسول الله صلى الله عليه وسلم ورأت أن تسلم، وثبتت بعده على إسلامها وماتت عليه، وشهد لها رسول الله صلى الله عليه وسلم بالإسلام.

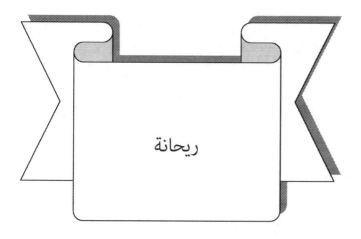

ريحانة

هي بنت زيد بن عمرو بن خنافة بن سمعون (وقيل شمعون) بن زيد، من بني النضير. كانت متزوجة رجلاً من بني قريظة يقال له الحكم. فنسبها بعض الرواة إلى بني قريظة لذلك.

وقد كان بين بني قريظة وبين النبي صلى الله عليه وسلم عهد، فلما جاءت الأحزاب نقضوه. وظاهروهم فلما هزم الله عز وجل الأحزاب، تحصنوا فجاء جبريل ومن معه من الملائكة. فقال يا رسول الله: انهض إلى بني قريظة. فقال: (إن في أصحابي جهدا). قال: انهض إليهم فلأضعضعنهم. فأدبر جبريل ومن معه من الملائكة حتى سطع الغبار في زقاق بني غنم من الأنصار.

وعن السيدة عائشة -رضي الله عنها – قالت: لما رجع النبي صلى الله عليه وسلم من الخندق ووضع السلاح واغتسل أتاه جبريل عليه السلام فقال: "قد وضعت السلاح! و الله ما وضعناه". فاخرج إليهم. قال: فإلى أين؟

قال هاهنا وأشار إلى بني قريظة. فخرج النبي صلى الله عليه وسلم إليهم.

ومن حديث عبد الله بن عمرو -رضي الله عنهما- قال: قال النبي صلى الله عليه وسلم يوم الأحزاب: "لا يصلين أحد العصر إلا في بني قريظة".

فأدرك بعضهم العصر في الطريق، فقال بعضهم: لا نصلي حتى نأتيهم.

وقال بعضهم: بل نصلي لم يرد منا ذلك. فذكر ذلك للنبي صلى الله عليه وسلم فلم يعنف واحداً منهم.

وقد حاصرهم رسول الله صلى الله عليه وسلم خمساً وعشرين ليلة، حتى جهدهم الحصار، وقذف الله في قلوبهم الرعب. ثم أنهم نزلوا تحت حكم سعد بن معاذ سيد الأنصار- رضي الله عنه- فقال: فإني أحكم فيهم، أن تقتل المقاتلة، وان تُسبى النساء والذرية،وان تقسم أموالهم. فقال له رسول الله صلى الله عليه وسلم : (قضيت بحكم الله).

ثم أن رسول الله صلى الله عليه وسلم قسم أموال بني قريظة ونساءهم وأبناءهم على المسلمين، وكان رسول الله صلى الله عليه وسلم ، قد اصطفى لنفسه من نسائهم ريحانة بنت زيد بن عمرو، إحدى نساء بني عمرو بن قريظة. فكانت عند رسول الله صلى الله عليه وسلم حتى توفي عنها وهي في ملكه.

وقد كانت حين سباها، قد تعصت بالإسلام، وأبت إلا اليهودية، فعزلها رسول الـلـه صلى الـلـه عليه وسلم . ووجد في نفسه لذلك من أمرها. فبينما هو مع أصحابه، إذ سمع وقع نعلين خلفه، فقال: "إن هذا لثعلبة بن سعيه، يبشرني بإسلام ريحانة".

فجاءه فقال: يا رسول الـلـه، قد أسلمت ريحانة. فسره ذلك من أمرها.

ويروى أن رسول الـلـه، قد أعتق ريحانة بنت زيد بن عمرو، وكانت عند زوج لها محب لها مكرم. فقالت: لا استخلف بعده أبداً، وكانت ذات جمال، فلما سبيت بنو قريظة عرض السبي على رسول الـلـه وقد عزلها.

وكان يكون له صفي من كل غنيمة. فلما عزلت أرسلها إلى منزل أم المنذر بنت قيس أياماً حتى قتل الأسرى وفرق السبي.

ثم دخل عليها -عليه السلام- فاستحيت منه، فدعاها فقال: إن اخترت الـلـه ورسوله، اختارك رسول الـلـه لنفسه.

فقالت: إني أختار الـلـه ورسوله، فلما أسلمت اعتقها رسول الـلـه صلى الـلـه عليه وسلم وتزوجها، وأصدقها ما كان يصدق نساءه، وأعرس بها في بيت ام المنذر. وكان يقسم لها ما كان يقسم لنسائه، وضرب عليها الحجاب، وكانت لا تسأله إلا أعطاها ذلك.

وروي أيضاً من طريق محمد بن عمر، قال: حدثني صالح بن جعفر عن محمد بن كعب، قال: كانت ريحانة مما أفاء الـلـه عليه فكانت امرأة جميلة وسيمة. فلما قتل زوجها دفعت في السبي. فكانت صفي رسول الـلـه صلى الـلـه عليه وسلم يوم بني قريظة، فخيرها رسول الـلـه بين الإسلام وبين دينها فاختارت الإسلام. فاعتقها رسول الـلـه وتزوجها وضرب الحجاب. فغارت عليه غيرة شديدة، فطلقها تطليقة وهي في موضعها لم تبرح، فشق عليها وأكثرت البكاء، فدخل عليها رسول الـلـه صلى الـلـه عليه وسلم ، وهي على تلك الحال فراجعها، فكانت عنده حتى ماتت عنده قبل أن يتوفى صلى الـلـه عليه وسلم [1].

وتوفيت عند رسول الـلـه صلى الـلـه عليه وسلم ، وقال إنها كانت عند رسول الـلـه صلى الـلـه عليه وسلم لم يعتقها حتى

---

(١)ابن سعد - الطبقات (١٣٠/٨)

ماتت على تلك الحال.[1] وقيل إنها ماتت قبل وفاة النبي صلى الله عليه وسلم في سنة عشر، وهي راجعة من

حجة الوداع.

(١) المصدر نفسه (١٣١/٨).

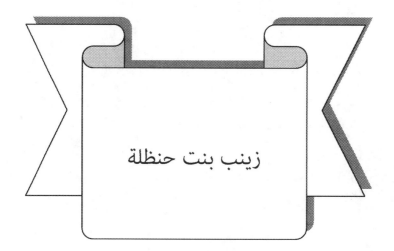

زينب بنت حنظلة

أبوها الصحابي الطائي حنظلة بن قسامة، قدم على رسول اللـه صلى اللـه عليه وسلم مسلماً ومعه أخته الجرباء بنت قسامة وابنته زينب بنت حنظلة.

تزوجت الجرباء بنت قسامة الصحابي (طلحة بن عبيد اللـه التيمي). وتزوج زينب بنت حنظلة الصحابي الجليل صاحب رسول اللـه صلى اللـه عليه وسلم (أسامة بن زيد)، ولم يقدر لزواجهما الاستمرار فطلقها، ولما اكتملت عدتها قال رسول اللـه صلى اللـه عليه وسلم لأصحابه: من له في الحسناء رأي وأنا صهره؟ يعرض عليهم الزواج من زينب فتزوجها نعيم بن عبد اللـه الملقب بالنحام. فغدا بالزواج منها صهر رسول اللـه صلى اللـه عليه وسلم بالهبة النبوية.

ويكفي برسول اللـه شاهداً، فهي لا شك حسناء بادية الحسن، حسن الخَلق والخُلق، ففاز بهذا الحسن كله رجل من علية الصحابة هو نعيم بن عبد اللـه الملقب بالنحام، وهو من أهل الجنة إن شاء اللـه، لأن رسول اللـه صلى اللـه عليه وسلم ذكر ذلك في الحديث الشريف: "دخلت الجنة، فسمعت نحمه من نعيم فيها". ومن هنا لقب بالنحام.

وأنجبت الحسناء لنعيم ابنه إبراهيم بن نعيم.

عن يحي بن عروة بن الزبير بن العوام قال: لما بلغنا عدة من ولد عروة بن الزبير، سألناه عن ذلك (يريد الزواج) فقال: ليكتب كل رجل منكم من يريد، فكتب ابنه إبراهيم بن نعيم، فقال لي: من دلك على هذه ؟ قلت: انت دللتني. بما كنت أسمعك تذكر من بيوتات قريش، فتزوجها، فولدت له الحكم بن يحيى بن عروة.

لقد كانت الحسناء من طيء وهي من قبائل العرب المذكورة بالشجاعة والكرم، فتزوجت من إحدى قبائل قريش،وهي ذروة قبائل العرب، فأنجبت ولدها ابراهيم الذي تسابق للإصهار إليه ...(الزبير بن العوام) وهم من الحسب والنسب بمكان.

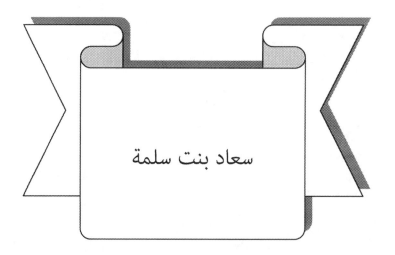

سعاد بنت سلمة

هي سعاد بنت سلمة بن زهير الأنصارية، أمها أم قيس بنت حرام بن لوذان من الخزرج.

بدأ الإسلام بدخول بيوت الأنصار بشكل واسع بعد بيعه العقبة، وبعد وصول مصعب بن عمير مبعوثاً من رسول اللـه صلى اللـه عليه وسلم لينظم الدعوة هناك، وقد شغف الأنصار بهذا الدين العظيم.

وكانوا يترقبون قدوم رسول اللـه صلى اللـه عليه وسلم إليهم مهاجراً مع أصحابه، وهم يمنون أنفسهم بأن يحظون بشرف نزول خاتم الأنبياء بين أظهرهم، وبشرف حمل رايات الجهاد في سبيل دين اللـه القويم.

ودأب الأنصار، رجالهم ونساؤهم وأطفالهم، بالخروج إلى ظاهر المدينة. يترقبون وصول رسول اللـه، ولم يطل بهم الانتظار إذ سرعان ما وصل الرسول مع صاحبه، فتعالت أصوات الرجال والنساء مرحبة بالقادم العظيم، وهتف أطفال الأنصار مغردين بالأنشودة الخالدة:

طلع البدر علينا	من ثنيات الوداع
وجب الشكر علينا	ما دعا لله داع
أيا المبعوث فينا	جئت بالأمر المطاع
جئت شرفت المدينة	مرحبا يا خير داع

ولا شك أن سعاد بنت سلمة مع هذا الركب المبارك الذي رافق رسول اللـه في ثنيات الوادع، داخلاً إلى دار الهجرة، نازلاً في قباء، ثم عاملاً على بناء أول مساجد الإسلام فيها..

وكانت خطوات الرسول في كل عمل من أعماله في المدينة محل اهتمام الرجال والنساء.وكانت سعاد تتابع كل هذا بحب وحماس، تود لو تتاح لها الفرصة لكي تشارك في كل عمل يؤدي إلى بناء دولة الإسلام ومجدها العظيم.

وعندما تداعى نساء الأنصار إلى بيعة الرسول، كانت سعاد من أوائل من بايع. وكان لهذه البيعة في نفسها أعمق الأثر، وكان لها في سلوكها وتفكيرها وتطورات حياتها أبلغ التأثير وأعظمه.

وتزوجت سعاد من جبير بن صخر.. وحملت بأول مولود لها.. وكانت تستعجل الأيام لتلد مولودها وتسرع به إلى رسول الله ليبايعه، فيكون أول مولود يبايع

على الإسلام، فينال هذا الشرف الرفيع.

ولم تصبر سعاد حتى تلد، فأسرعت إلى رسول الله صلى الله عليه وسلم وقالت له: يا رسول الله، لقد من الله علي بحمل هذا الجنين، وأنا أريد أن تبايعه على الإسلام.

وأعجب رسول الله صلى الله عليه وسلم بهذا الموقف من سعاد بنت سلمة، وأكبر فيها هذا الحرص على الإسلام، وعرف لها هذا الإيمان الذي ملأ لها كل جوانحها، فالتفت إليها وقال لها: أنت حرة الحرائر...

و الله أنتن يا بنات الإسلام، ما أعظم أنفسكن عندما تتخذن من سعاد قدوة، فترددن في أنفسكن البيعة لله ورسوله.. وتحرصن على تربية أولادكن على الإسلام العظيم، كأنكن تبايعن عن الأجنة التي في بطونكن.. لله ولرسوله ولهذا الدين القويم..

نعم هذه المرأة نموذج حقيقي وواقعي من النماذج التي يعتز بها المسلم أيما اعتزاز نعم هذه دليل على أن هذه المرأة دليل صادق على كل من يتطاول على هذا الدين.

نعم هذا القول الذي نادت به هذه المرأة هو خير سلاح تتسلح به المرأة المسلمة أمام كل من يحاول أن يقنعنا بأن هذا الدين كان عظيما فيمن حمل رايته ورفع اسمه خفاقاً عالياً.

نعم تعد هذه المرأة وغيرها من النساء المسلمات نواة طيبة لكل نساء الإسلام الأوائل اللواتي لم يدخرن جهداً إلا وقفن مع هذا الدين لنصرته على كل الأعداء وكل الحاقدين.

نعم انت يا بنت سلمة مع تلك النساء الصالحات الطاهرات كصفية بنت عبد المطلب وأم سفيان الثوري ونسيبة بنت كعب وأسماء بنت أبي بكر وأم ذر الغفاري وأم شريك الدوسية وأروى بنت عبد المطلب فرحمة الـلـه عليكن أيتها الصحابيات فنعم مثواكن الجنة إن شاء الـلـه.

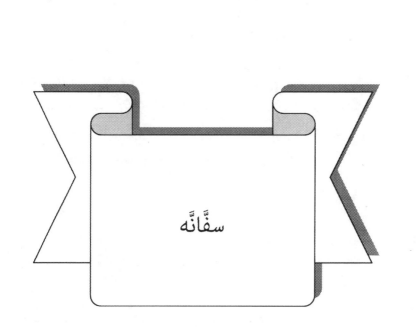

سفَّانَّه

هي بنت حاتم الطائي، المضروب به المثل في الكرم، أسلمت وحكت عن النبي صلى اللـه عليه وسلم .

أصابت خيل رسول اللـه صلى اللـه عليه وسلم ابنة حاتم في سبايا طيء، فجيء بها إلى الرسول – عليه الصلاة والسلام – وجعلت في حظيرة بباب المسجد - فمرّ بها - صلى اللـه عليه وسلم فقامت إليه، وكانت امرأة جزلة فقالت: يا رسول اللـه: هلك الوالد، وغاب الوافد.

فقال: ومن وافدك؟

قالت: عدي بن حاتم.

قال: الفارّ من اللـه ورسوله؟!

قالت: ومضى، حتى مر ثلاثة أيام. فأشار إلي رجل من خلفه أن قومي فكلميه. فأعادت قولها السابق، يا رسول اللـه (هلك الوالد، وغاب الوافد). فامننِ عليَ منّ اللـه عليك – قال- عليه الصلاة السلام- قد فعلت – فلا تعجلي حتى تجدي ثقة يبلغك بلادك. ثم آذنيني.

قالت: فسألت عن الرجل الذي أشار إلي.

فقيل: علي بن أبي طالب، وهو الذي سباكم، أما تعرفينه؟

فقلت: لا و اللـه، ما زلت أثني طرف ثوبي على وجهي، وطرف ردائي على برقعي، من يوم أسرت حتى دخلت هذه الدار، ما رأيت وجهه ولا وجه أحد من أصحابه.

قالت: وأقمت حتى قدم نفر من قبيلتي، وأنا أريد الشام، فجئت رسول اللـه صلى اللـه عليه وسلم ، فقلت: يا رسول اللـه، قدم رجال من قومي، لي فيهم ثقة وبلاغ.

قالت: فكساني رسول اللـه صلى اللـه عليه وسلم وحملني وأعطاني نفقة، فخرجت معهم حتى قدمت الشام.

قال عدي بن حاتم: وإني لقاعد في أهلي إذ نظرت إلى ظعينة تؤمنا، فإذا هي سفانة، فسألتها: ما ترين في هذا الرجل؟ (يعني النبي صلى اللـه عليه وسلم).

فقالت: أرى أن تلحق به سريعاً (وكانت هي قد أسلمت وحسن إسلامها). فإن يكن الرجل نبياً فليسابق إلى فضله، وان يكن ملكاً فلن تذل أبداً.

قال: و اللـه ان هذا هو الرأي.

قال: فخرجت إلى المدينة، فدخلت على رسول اللـه صلى اللـه عليه وسلم وهو في مسجده، فسلمت عليه فقال، من الرجل؟

قلت: عدي بن حاتم، فرحب بي وقربني، ودخل الإسلام في قلبي، وأحببت رسول اللـه صلى اللـه عليه وسلم حباً شديداً، وما رجل من العرب كان أشد كراهية لرسول اللـه حين سمع به مني.

وكانت سرية من المسلمين بقيادة علي بن أبي طالب رضي اللـه عنه قد أغارت على بلاد طيء، وكانوا خمسين ومئة رجل، على مئة بعير وخمسين فرساً، فشنوا الغارة مع الفجر، على محلة آل حاتم، فسبوا حتى ملؤوا أيديهم من السبي والنعيم والشاء. وهدم علي بن أبي طالب رضي اللـه عنه الغلس[1] وخرّبه. ثم انصرفا راجعين إلى المدينة – وكان في السبي سفانة- وكان عدي بن حاتم قد هرب حين سمع بحركة علي، فخرج إلى الشام، وبقي هناك حتى أقنعته أخته بالإسلام، فانطلق إلى المدينة، وأعلن إسلامه بين يدي الرسول الكريم صلى اللـه عليه وسلم .

قال عدي: أقبل عليّ النبي صلى اللـه عليه وسلم فقال: هيه يا عدي بن حاتم، أقررت أن توحد اللـه؟ وهل من أحد غير اللـه ؟!

هيه يا عدي بن حاتم، أقررت أن تكبر اللـه ؟ ومن أكبر من اللـه ؟!

هيه يا عدي بن حاتم، أقررت أن تعظم اللـه؟ ومن أعظم من اللـه؟

هيه يا عدي بن حاتم، أقررت أن تشهد لا إلـه إلا اللـه؟ وهل من إله غير اللـه؟

هيه يا عدي بن حاتم، أقررت أن تشهد أن محمد رسول اللـه؟! قال عدي: فجعل

(١) الغلس – صنم طيء.

رسول الله صلى الله عليه وسلم يقول نحو هذا، وأنا أبكي، ثم أسلمت.

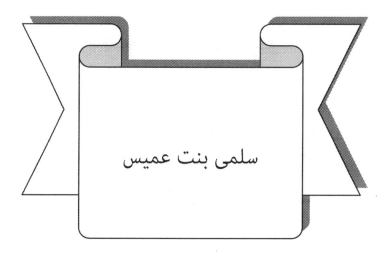

سلمى بنت عميس

عميس هو ابن معد بن تميم بن الحارث بن كعب بن مالك، من خثعم، وأمها هند، وهي خولة بنت عوف بن زهير بن الحارث بن حماطة، من جرش.

أسلمت قديماً مع أختها أسماء، وتزوجها حمزة بن عبد المطلب بن هاشم، عم النبي صلى الله عليه وسلم فولدت له ابنته عُمارة (أمامة)، وهي التي كانت بمكة، فأخرجها علي بن أبي طالب في عمرة القضاء، فاختصم فيها علي وزيد بن حارثة، وجعفر بن أبي طالب. وأراد كل واحد أخذها إليه، فقضى بها رسول الله صلى الله عليه وسلم لجعفر بن أبي طالب.

لم يكن حمزة قد أسلم عندما تزوجته سلمى، ولذا فإن قلبها كان مغلفاً بشيء من الأسى، وكانت تتمنى أن يهدي الله زوجها إلى الإسلام. ثم كان الحدث الذي هز قلب سلمى بل هز قلوب المسلمين جميعاً!

فقد مرّ عدو الله أبو جهل بحبيب الله المصطفى صلى الله عليه وسلم فأذاه وشتمه، ونال منه بعض ما يكره، فلم يكلمه رسول الله صلى الله عليه وسلم . وكان مولاه عبد الله بن جدعان، يسمع ذلك، ثم انصرف عنه إلى نادي قريش عند الكعبة، فجلس معهم.

فلم يلبث حمزة بن عبد المطلب أن أقبل متوشحاً قوسه راجعاً من قنص له، وكان صاحب قنص يرميه ويخرج له، وكان إذا رجع من قنصه، لم يصل إلى أهله حتى يطوف الكعبة. وكان إذا فعل ذلك، لم يمر على ناد من قريش إلا وقف وسلم، وتحدث معهم. وكان أعز فتى في قريش.

فلما مرّ بمولاه ابن جدعان، وقد رجع رسول الله صلى الله عليه وسلم إلى بيته، قال: يا أبا عمارة لو رأيت ما لقي ابن أخيك محمد آنفا من أبي الحكم بن هشام (أبو جهل). وجده ههنا جالساً، فأذاه وشتمه وبلغه منه ما يكره، ثم انصرف عنه، ولم يكلمه محمد. فاتجه حمزة ناحية أبي جهل. يدفعه إليه بركان من الغضب في صدره، فلما بلغ النادي، أقبل نحوه، حتى إذا قام على رأسه، رفع القوس، فضربه بها فشجه، شجة منكرة، ثم قال: أتشتمه، وأنا على دينه، أقول ما يقول؟ فردّ علي إن استطعت. فقام رجال من بني مخزوم، لينصروا أبا جهل. فقال لهم:دعوا أبا عمارة، فإني و الله قد سببت ابن أخيه

سبأ قبيحاً. وعندما وصل حمزة إلى بيته، قص على زوجته سلمى قصته، وتمنت في قرارة نفسها أن يشرح الله صدر زوجها إلى الإسلام، فاستجاب الله دعاءها، وعز أنصار الله بإسلامه.

وهاجرت سلمى وحمزة إلى يثرب، مع المسلمين، وبعد أشهر قليلة وصل إليها رسول الله صلى الله عليه وسلم . فبادر ببناء المسجد النبوي الشريف الذي كان بمثابة دار الحكم والقيادة وكان حمزة رضي الله عنه تواقاً للقاء المشركين. لينتقم منهم، لأنهم آذوا رسول الله صلى الله عليه وسلم وصحبه.

وحانت الفرصة المناسبة، والتقى أحباب الله، وأعداء الله في معركة بدر، ونصر الله جنده، وهزم المشركين هزيمة ساحقة، وقتل أبو جهل، وطغاة قريش، وكان حمزة من الأبطال الذين يشار إليهم بالبنان في تلك المعركة، وكان معلماً بريشة نعامة في صدره، بجوار علي بن أبي طالب رضي الله عنهما.

لقد روى حمزة الأرض بدماء المشركين، قتل شبيه بن ربيعة، وشارك في قتل عبيدة بن الحارث، وقتل صناديد مكة، وتناقلت المدينة كلها كلمة أمية بن خلف، وهو يسأل عبد الرحمن بن عوف:

من هذا الرجل منكم المعلم بريشة نعامة في صدره؟

قال ابن عوف: ذلك حمزة بن عبد المطلب.

قال أمية: ذلك الذي فعل بنا الأفاعيل.

نعم، ذلك البطل القوي، هو حمزة بن عبد المطلب، أسد الله، وأسد رسوله، ثم كانت غزوة أحد. وخاض حمزة المعركة مع جيش المسلمين، ببسالة شديدة. لكن نفوس المشركين كانت تسخط على حمزة، فقد وترهم بقتل زعمائهم. وكانت (هند بنت عتبة) أشد المتحمسين للإيقاع به، والانتقام منه، فقد قتل أبوها، وأخوها، وعمها وابنها حنظلة يوم بدر. وكان أسد الله وأسد رسوله هو الذي قتل أغلبهم.

وتمكن المشركون من الإيقاع بحمزة فقتلوه اغتيالاً، قتله (وحشي بن حرب الحبشي) الذي كان عبداً رقيقاً لجبير بن مطعم. أحد سادة قريش، قالت له سيدته: ان

قتلت حمزة بن عبد المطلب بعمي طعيمة بن عدي، فأنت عتيق.

وكانت هند بنت عتبة، زوج أبي سفيان بن حرب، تشجعه على الانتقام من حمزة، فتقول له: اشفِ واستشفِ.

ولم يكن حمزة يخفى على أحد، لأنه كان يضع ريشة نعامة بصدره، ليدل الأقران عليه. ولما شغل حمزة بمبارزة أحد المشركين، كان (وحشي) قد اختبأ في مكان تطمئن إليه، ثم دفع بحربته نحوه. فوقعت في أسفل بطنه. فخر شهيداً.

لقد حزن عليه رسول الله صلى الله عليه وسلم ، وقال ينظر إليه معفراً بالتراب:

لن أصاب بمثلك أبداً.

أما سلمى فقد كانت المفجوعة الولهى، لكنها صبرت، واحتسبت الأجر عند الله عز وجل.

ولما انقضت عدتها، تقدم لها شداد بن الهاد الليثي، يخطبها، وتم الزواج، وولدت له: عبد الله بن شداد، فهو أخو ابنه حمزة لأمها، وهو ابن خالة ولد العباس بن عبد المطلب. لأم الفضل بنت الحارث، وهو ابن خالة خالد بن الوليد بن المغيرة المخزومي.

وجاءت عمرة القضاء، فحملت لسلمى بشارتين، فقد حضرت من مكة أختها ميمونة بنت الحارث، وابنتها عُمارة بنت حمزة. ولم يكن قد مر على وصول أسماء أختها من أرض الحبشة إلا أشهر قليلة. والتأم الشمل وحلقت السعادة بجناحيها فوق الأخوات والأمهات.

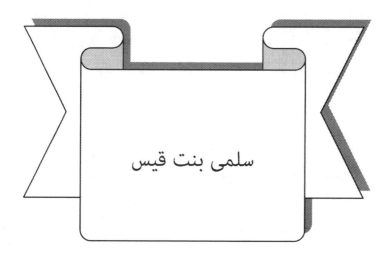

سلمى بنت قيس

هي سلمى بنت قيس بن عمرو، من بني النجار، وهي أخت سليط بن قيس الذي شهد بدراً، وقتل في معركة جسر أبي عبيدة شهيداً. أمها رغيبة بنت زرارة بن عدس التجارية. تزوجها قيس بن صعصعة بن وهب التجاري، فولدت له المنذر، وقد أسلمت أم المنذر، وبايعت رسول الله صلى الله عليه وسلم وروت عنه. وصلت معه إلى القبلتين.

قالت أم المنذر: بايعت النبي صلى الله عليه وسلم فيمن بايعه من النساء (على ألا يشركن بالله شيئاً).. الحديث، وفيه: ولا نخشى أزواجنا، فبايعناه، فلما انصرفنا. قلت لامرأة ممن معي: ارجعي فاسأليه، ما يخشى أزواجنا؟ فسألته فقال:

"تأخذ ماله فتحابي به غيره".

وأم المنذر هي إحدى خالات النبي صلى الله عليه وسلم جهة أبيه. يعني جده عبد المطلب، فإن أباه عبد الله أمه مخزومية، وأما جده عبد المطلب فأمه من بني عدي بن النجار، لأن أمه سلمى بنت عمرو بن زيد الخزرجية من بني عدي.

وأهل الرجل من قبل النساء، له ولآبائه وأجداده كلهن خالات.

قالت أم المنذر: دخل علي رسول الله صلى الله عليه وسلم ومعه علي، وعلي ناقة من مرض، ولنا دوال معلقة. فجعل رسول الله صلى الله عليه وسلم يأكل منها. وأكل معه علي، فقال له رسول الله صلى الله عليه وسلم "مهلاً فإنك ناقة". فجلس علي، وأكل رسول الله صلى الله عليه وسلم منها، وقالت: وصنعت سلقاً وشعيراً. فلما جئت به إلى رسول الله صلى الله عليه وسلم قالت لعلي: "من هذا فأصب فإنه أوفق لك".

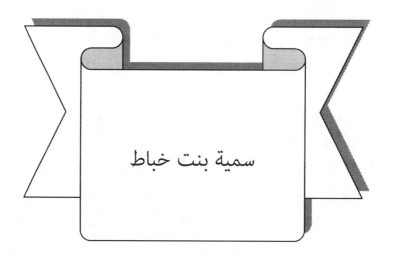

سمية بنت خباط

سمية بنت خباط مولاة أبي حذيفة بن عبد الله المخزومي، وتزوجها ياسر مولى أبي حذيفة فولدت له عماراً.

وعندما نزل الوحي برسالة الإسلام، كانت هذه الأسرة المباركة من أوائل من اهتدى. فأسلم ياسر وأسلمت سمية وأسلم عمار.

كانت سمية من أوائل النساء إسلاماً بل روي أنها كانت سابع سبعة دخلوا دين الهدى. وقاومت قريش دعوة الإسلام بجاهلية، فاعتدت على من أسلم من رجالها ونسائها فعذبتهم، ونال العذاب من الموالي أكثر مما نال من الأحرار والحرائر. وكان بنو مخزوم من أشد القبائل عداءً للإسلام، فصبوا جام غضبهم على من أسلم من مواليهم، ونزلوا على آل ياسر بالعذاب الأليم.

كان تعذيب آل ياسر عند بني مخزوم واجباً يومياً، فقد ألقوا بهم في الصحراء دون غذاء ولا ماء، وانهالوا عليه بالسياط، وقد تولى تعذيب آل ياسر فرعون هذه الأمة، أبو جهل بن هشام المخزومي، وقد كان رسول الله صلى الله عليه وسلم يمر بهم وهم يعذبون، فيشد من أزرهم ويصبرهم، ويقول لهم: صبراً آل ياسر، فإن موعدكم الجنة.

وتنزل هذه الكلمات على آل ياسر نزول الماء من السماء، فيربط الله على قلوبهم، فيتحملون العذاب ويقاومون الظمأ، فيزيد ذلك آل مخزوم حنقاً، فيزيدون من تعذيبهم.

ويبلغ الغضب والحنق من أبي جهل مداه، فينهال على سمية ضرباً وركلاً، ويدعوها لتكفر بالله، وبما جاء به محمد، فتأبى وتلوذ بالصمت. وكان هذا الصمت بمثابة الرد الذي يملأ قلب ابي جهل بالغضب الأعمى، فيتناول حربته وينهال على جسم سمية طعناً ولا يردعه سنها، ولا تردعه أنوثتها. فيضربها على موضع العفة منها - فتموت شهيدة، وتصعد روحها إلى بارئها تشكو ما وصل إليه أهل الكفر من خسة، وما وصل إليه أبو جهل من فحش. وتسجل أم عمار الشهادة الأولى في الإسلام، فيعرفها كل من قرأ في السيرة أو كل من كتب فيها بالشهيدة الأولى. ويصمد الرعيل الأول من المسلمين لصدمة الجاهلية، ويشتعلون بإيمانهم أمام جبروت الكفر، فينتصر الإسلام في قلوبهم، فيهاجرون إلى المدينة، ومنها ينطلقون لحرب الكفر، فيلتقي الجمعان في بدر، فينتصر المسلمون، ويقتل الله أبا جهل، فيلتفت رسول الله صلى الله عليه وسلم إلى عمار ويقول له: لقد قتل الله قاتل أمك. رحم الله سمية أم عمار الشهيدة الأولى في الإسلام.

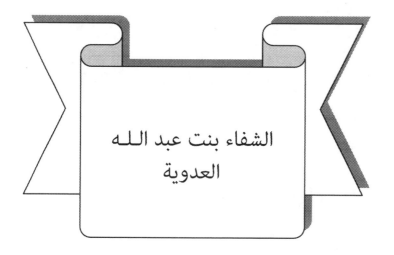

الشفاء بنت عبد الله العدوية

اسمها ليلى بنت عبد اللـه من بني عدي رهط عمر بن الخطاب، امرأة قرشية فاضلة، ذات مكانه في مكة قبل الإسلام، إذ كانت ترقي المرضى، لذلك لقبت بالشفاء، وقد غلب عليها اللقب، فلم تعد تعرف إلا به.

ولأنها امرأة عاقلة فقد استجابت لدعوة الإسلام في أيامها الأولى، وبايعت رسول اللـه صلى اللـه عليه وسلم وهاجرت إلى المدينة مع من هاجر من نساء المسلمين. وكانت الشفاء من القلة من نساء قريش ممن أجدن الكتابة، فكانت امرأة كاتبة، ولعل علمها في الرقي دفعها لتعلم الكتابة حتى تكتب بها الرقية التي تريد.

وفي المدينة كان للشفاء مقام مميز، فقد قربها الرسول حتى كان يزورها في بيتها، وكثيراً ما كانت تزور أمهات المسلمين لتلتقي برسول اللـه صلى اللـه عليه وسلم فتسأله عن أمور دينها. وما يصلح لها وما يكره، وقد سألته عن الرّقى التي كانت ترقي بها في الجاهلية، وعرضتها عليه، فأقرها لها، وقد أعجبه منها رقية النملـة، وهي ما ترقى به من يصاب بلدغة النملة السامة، وقال لها:"علمي حفصة رقية النملة كما علمتها الكتابة".

فقد كانت الشفاء معلمة أم المؤمنين حفصة بنت عمر الكتابة، وقد كان رسول اللـه صلى اللـه عليه وسلم حريصاً على نشر الكتابة بين المسلمين. رجالهم ونسائهم، ولقد كانت الشفاء معلمة للكتابة في المدينة، وكانت حفصة أم المؤمنين وبنت عمر بن الخطاب على رأس من تعلمن الكتابة على يديها.

تزوجت الشفاء من أبي حثمة بن حذيفة العدوي، فولدت له سليمان بن أبي حثمة، الصحابي المشهـور، وتزوجت بعد أبي حذيفة من أخيه مرزوق بن حذيفة العدوي، فولدت له أبا حكيم بن مرزوق.

وللشفاء ابنة تزوجت من الصحابي الجليل شرحبيل بن حسنة، أحد قادة الفتح الإسلامي العظام. وكما كانت الشفاء محل تقدير رسول اللـه صلى اللـه عليه وسلم وقد كانت محل تقدير عمر ابن الخطاب في خلافته، فقد كان يرعاها ويفضلها، ويقدمها في الرأي. روت الشفاء أن رسول اللـه صلى اللـه عليه وسلم سئل عن أفضل الأعمال فقال:"إيمان بالله، وجهاد في سبيله، وحج مبرور".

هذه هي الشفاء بنت عبد اللـه. الصحابية الفاضلة، رضي اللـه عنها وأرضاها المبايعة المهاجرة، ذات المكانة والرأي عند رسول اللـه صلى اللـه عليه وسلم وعند خليفته عمر بن الخطاب رضي اللـه عنه.

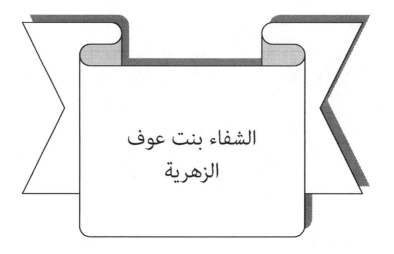

الشفاء بنت عوف
الزهرية

الشفاء بنت عوف من بني زهرة أخوال رسول الـلـه صلى الـلـه عليه وسلم إذ كانت أم رسول الـلـه آمنة بنت وهب من بني زهرة. ولبني زهرة في الإسلام محطات معروفة. فكما قدمنا كانت أم رسول الـلـه صلى الـلـه عليه وسلم ، من بني زهرة، ولم يحضر مع المشركين أحد من بني زهرة في معركة بدر، ولهم اثنان من العشرة المبشرين بالجنة، سعد بن أبي وقاص وعبد الرحمن ابن عوف، وكان رسول الـلـه صلى الـلـه عليه وسلم يفاخر بأخواله، وكان يشير إلى سعد بن أبي وقاص ويقول: هذا خالي، فليرني امرؤ خاله.

تزوجت الشفاء من عوف بن عبد عوف الزهري، فولدت له: عبد الرحمن ابن عوف، والأسود بن عوف، أسلم قبل الفتح وهاجر إلى المدينة، وعاتكة بنت عوف، أسلمت هي الأخرى وبايعت وهاجرت، وكانت الشفاء من المسلمات المبايعات، وقد أكرمها الـلـه بأبنائها، فكانوا من المسلمين المبايعين المهاجرين. بل كان ابنها عبد الرحمن أحد العشرة الذين بشرهم رسول الـلـه صلى الـلـه عليه وسلم بالجنة. وعاشت الشفاء بنت عوف الزهرية بعد الهجرة إلى مدينة الرسول، مع أولادها المسلمين المبايعين، وقضت أيامها الأولى وهي تشهد صعود الإسلام وأفول الشرك، فيسرها ذلك ويبهجها، ومما كان يزيد في سرورها أن أبناءها ممن كان يشارك في هذا الصعود ويضحون في سبيله.

ويدرك الموت الشفاء في حياة رسول الـلـه صلى الـلـه عليه وسلم فيودعها المسلمون كما يكون التوديع لواحدة من كبريات الصحابيات، والمقدمات فيهن، ويحزن عبد الرحمن بن عوف بفراق أمه، ويود لو يقدم لها شيئاً ينفعها في آخرتها، فيتقدم من رسول الـلـه صلى الـلـه عليه وسلم ويقول له: يا رسول الـلـه: أعتق عن أمي؟ فيقول له رسولنا الكريم: نعم ويسر ذلك عبد الرحمن، فينطلق إلى السوق فيشتري عبداً ثم يعتقه عن أمه، رجاء أن يصيبها أجر هذه العتاقة.

وتسجل الشفاء بعد موتها سنة من سنن الإسلام: جواز العتق عن الميت، وتسجل كتب الفقه الإسلامي سنة العتاقة عن الميت باسم هذه السيدة الجليلة، ويصبح لقبها عند المحدثين وأصحاب التاريخ والسير: العتقاء.

رحم الـلـه الصحابية الزهرية المسلمة المبايعة المهاجرة العتقاء- الشفاء بنت عوف الزهرية، ورحم الـلـه معها أولادها المسلمين المبايعين المهاجرين، رجالاً ونساء ورحم الـلـه معها ومعهم كل مسلم مبايع في قلبه، مهاجر إلى الـلـه في نفسه، مجاهد في سبيله بولده وماله.

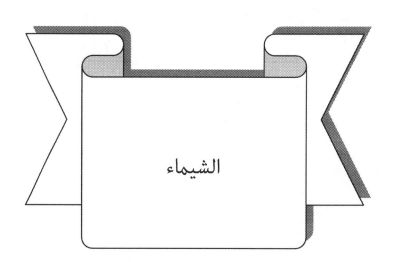

الشيماء

هي بنت الحارث بن عبد العزى بن رفاعة، وهي أخت النبي صلى الله عليه وسلم من الرضاعة. اسمها حذافة (أما الشيماء فهو لقبها. وقد غلب عليها).

وكانت الشيماء تحضن رسول الله صلى الله عليه وسلم مع أمها. ولما ذهبت لزيارة النبي صلى الله عليه وسلم قالت له: يا رسول الله، أنا أختك من الرضاعة.

قال: وما علامة ذلك؟

قالت: عضة عضضتها في ظهري، وأنا متوركتك.

فعرف رسول الله صلى الله عليه وسلم العلامة، فبسط لها رداءه، ثم قال لها:"ههنا". فأجلسها عليه، وخيرها، فقال: "إن أحببت فأقيمي عندي محببة مكرمة، وإن أحببت أن أمتعك فارجعي إلى قومك".

فقالت: بل تمتعني وتردني إلى قومي. فمتعها وردها إلى قومها. فزعم بنو سعد ابن بكر أنه أعطاها غلاماً يقال له مكحول، وجارية، فزوجت أحدهما الآخر، فلم يزل فيهم من نسلهم بقية، وروي أنها أسلمت، وأعطاها رسول الله صلى الله عليه وسلم نعماً وشاء وثلاثة أعبد وجارية، وورد أن الشيماء قالت وهي ترقص النبي صلى الله عليه وسلم وهو صغير:

يا رب أبق لنا محمدا   حتى أراه يافعاً وأمردا

ثم أراه سيداً مسوداً   وأكبت أعاديه معاً والحسدا

وأعطه عزاً يدوم أبداً

وقد أجاب الله دعاء الشيماء، فأصبح محمد بن عبد الله سيد البشر صلى الله عليه وسلم .

هذه هي الشيماء، أخت رسول الله من الرضاع وهذا ما كانت ترقصه، وتدعو له بالسيادة والعز الأبدي فكان رسول الله سيداً للناس كافة، مسوداً عليهم أجمعين، عزيزاً بربه ودينه وأتباعه إلى يوم الدين.

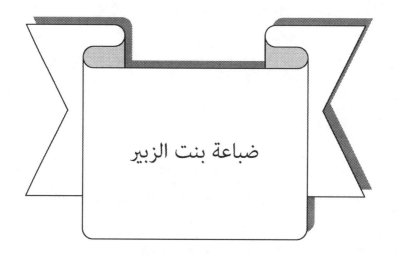

ضباعة بنت الزبير

ضباعة هذه ابنة عم الرسول صلى الله عليه وسلم ؛ لأن الزبير بن عبد المطلب عم الرسول صلى الله عليه وسلم . زوَّجها رسول الله صلى الله عليه وسلم من المقداد بن عمرو البهراني المعروف بالمقداد بن الأسود، وهو أحد فرسان المسلمين المعدودين.

ولدت ضباعة للمقداد عبد الله بن المقداد، وكريمة بنت المقداد، أسلمت ضباعة مبكراً وهاجرت الى المدينة، وكانت تحضر غزوات الرسول صلى الله عليه وسلم ومن الغزوات التي حضرتها غزوة خيبر، فأطعمها الرسول صلى الله عليه وسلم أربعين وسقا من تمر خيبر.

كانت ضباعة من سيدات بني هاشم وكانت حريصة على أن تكون قريبة من رسول الله صلى الله عليه وسلم حرصا على التفقه في دينها وعلى معرفة المهم من أمور عقيدتها.

عندما عزمت ضباعة على الحج مع رسول الله صلى الله عليه وسلم في حجة الوداع اشتكت مرضاً فأقبلت على رسول الله صلى الله عليه وسلم وقالت له: يا رسول الله، إني أريد الحج وأنا شاكية. فقال لها عليه الصلاة والسلام: حجي واشترطي إن محلي حيث حبستني. قالت: فكيف أقول يا رسول الله صلى الله عليك وسلم؟

قال: " قولي: لبيك اللهم لبيك، وتحللي من الأرض حيث حبست ".

فانطلقت ضباعة تلبي الحج: لبيك اللهم لبيك، وتشترط وتقول: وتحللي من الأرض حيث حبست وذلك بسبب ما تشتكي من مرض.

فكان من بركات هذه السيدة المؤمنة ان تحققت سنة الاشتراط في الحج، فعرف المسلمون وأهل الفقه لهذه السيدة مكانها من سنة الإسلام، فكانوا إذا ذكروها قالوا: المشترطة، وقالوا: فيها جاءت سنة الاشتراط في الحج.

لضباعة هذه رواية للحديث عن رسول الله صلى الله عليه وسلم وعنها روى ابن عباس وعائشة وابنتها كريمة بنت المقداد، روت هي عن زوجها المقداد.

روت ضباعة أنها رأت النبي صلى الله عليه وسلم أكل كتفاً من اللحم، وقام إلى الصلاة ولم يتوضأ، وهذا الحديث الذي روته أفاد بترك الوضوء مما مسته النار.

وعاشت ضباعة حتى عام الجماعة ٤١ من هجرة الرسول صلى الله عليه وسلم .

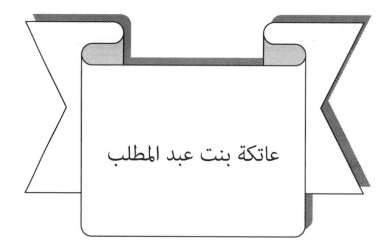

عاتكة بنت عبد المطلب

هي عاتكة بنت عبد المطلب بن هاشم، عمة الرسول صلى الـلـه عليه وسلم أسلمت بمكة وهاجرت إلى المدينة. وعاتكة صاحبة الرؤيا المشهورة بمكة وكان لهذه الرؤيا حديث به أهمية في نفسية القرشيين قبل بدر. رأت عاتكة في منامها قبل ثلاثة أيام من معركة بدر رؤيا أفزعتها، فدعت أخاها العباس بن عبد المطلب وقالت له: اكتم علي ما أحدثك، فإني أتخوف أن يدخل على قومك من هذه الرؤيا شر ومصيبة.

قال العباس: وماذا رأيت ؟

قالت: رأيت راكبا أقبل على بعير حتى وقف بالابطح، ثم صرخ بأعلى صوته، يا آل بدر انفروا إلى مصارعكم في ثلاث، وكرر ذلك ثلاث مرات، فرأيت الناس قد اجتمعوا إليه، ثم دخل المسجد والناس يتبعونه، فمثل به بعيره على جبل أبي قبيس، فصرخ بمثل ما صرخ به ثلاثاً، ثم أخذ صخرة من صخور أبي قبيس، فأرسلها، فأقبلت تهوي، حتى إذا كانت بأسفل الجبل انفضت، فما بقي من بيوت مكة، ولا دار من دارها إلا دخلته فيها فلذة، ولم يدخل داراً من دور بني هاشم ولا من دور بني زهره منها شيء.

قال العباس: إن هذه لرؤيا.

وخرج العباس من بيت أخته عاتكة مغتما، فلقي الوليد بن عنبـة، وكان له صديقا، فذكر له، نبأ حديث هذه الرؤيا بمكة، فأقبل أبو جهل على العباس وقال له: يا بني عبد المطلب أما رضيتم أن تنبأ رجالكم حتى تتنبأ نسائكم؟ لقد زعمت عاتكة أنها رأت ما رأت، فسوف نتربص بكم ثلاثاً، فإن يكن ما قالت، وإلا كتبنا عليكم انكم أكذب أهل بيت في العرب. ولما كان اليوم الثالث من رؤيا عاتكة قدم ضمضم بن عمرو رسولاً من أبي سفيان يستنفر قريشاً لإنقاذ قافلتها التجارية فوقف في قريش نذيراً وصاح: يا معشر قريش، اللطيمة اللطيمة، عيركم مع أبي سفيان قد عرض لها محمد وأصحابه، الغوث الغوث، و الـلـه ما أراني أن تدركوها ونفرت قريش لإنقاذ عيرها، والتقت مع المسلمين في بدر وذاقت ذل الهزيمة، ولم يبـق بيت من بيوت مكة إلا وقد أصيب له رجل، إلا ماكان من بني هاشم وبني زهرة، وصدقت رؤيا عاتكة، وصرع أبو جهل، ذلك الذي كان يدعي أنـه سيكتب كتاباً على بني هاشم أنهم أكذب العرب، فكانت معركة بدر شهادة على صدق الرؤيا، وعلى صدق بني المطلب.

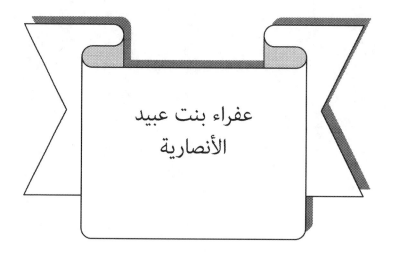

عفراء بنت عبيد
الأنصارية

هي امرأة أنصارية، قدّمت يوم بدر أولادها السبعة ليكونوا جنوداً في جيش الإسلام، إنها عفراء بنت عبيد، تزوجت الحارث بن رفاعة، فولدت له: معاذ بن رفاعة ومعوذ بن رفاعة وعوف بن رفاعة.

ثم تزوجت بكير بن عبد ياليل، فولدت له: خالد بن بكير وإياس بن بكير، وعاقل بن بكير، وعامر بن بكير.

ولمقام هذه السيدة في مجتمع المدينة فقد كان يقال لكل ولد من أولادها ابن عفراء، فقد نسب أولادها إليها لشهرتها ومكانتها، وكذلك كان يفعل العرب إذا ما اشتهرت عندهم سيدة، نسبوا أولادها إليها.

وقد عدت عفراء من المنجبات، والمنجبة عند العرب هي المرأة التي شرف لها ثلاثة من البنين فأكثر، وقد شرفت أبناء عفراء كلهم، بجهادهم واستشهادهم في سبيل الـلـه.

كانت عفراء تحث أولادها على الجهاد، فدفعت بهم إلى بدر ليخوضوا غمارها إلى جانب رسول الـلـه صلى الـلـه عليه وسلم فكانوا فيها أعلاما من أعلام الجهاد، فاستشهد منهم في بدر ثلاثة: معاذ ومعوذ وعاقل.

وفي يوم الرجيع استشهد خالد.

وفي يوم بئر معونة استشهد عامر.

وفي معركة اليمامة استشهد إياس.

وعرفت عفراء بين المسلمين بأم الشهداء، فقد استشهد في سبيل الـلـه ستة من أبنائها السبعة، وقدر الـلـه لسابعهم عوف بن رفاعة أن يعيش بعد جهاد عريض، وأن ينجب ليبقى لعفراء في هذه الدنيا عقب من ولدها عوف بن رفاعة.

رحم الـلـه أم الشهداء، الصحابية الأنصارية المجاهدة، عفراء بنت عبيد.

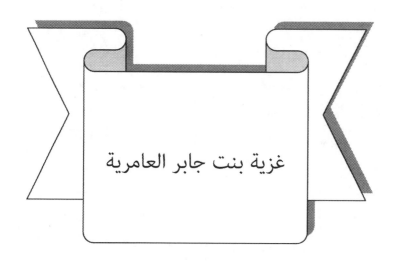

غزية بنت جابر العامرية

هذه امرأة من قريش من بني عامر بن لؤي، غزية بنت جابر بن حكيم العامرية، تزوجت من أبي العكر الدوسي، فأنجبت منه ابنها شريك، فكنيت به.

وفي مطلع الدعوة الإسلامية دخل الإسلام هذا البيت المبارك، فأسلم أبو العكر، وأسلمت زوجه أم شريك. ولم يكن إسلام أم شريك تبعا لإسلام زوجها، بل كان إسلامها عن يقين راسخ وإدراك صحيح، فكانت في الدعوة عضواً نشطاً فاعلاً، فقد أخذت تغشى بيوت قريش، وتدعو نساءهم إلى الإسلام، فأسلم على يدها عدد صالح من نساء قريش.

وعندما علمت قريش بهذا النشاط الدعوي لأم شريك، أخذوها وعنفوها، وقالوا لها: لولا قومك لفعلنا بك وفعلنا، ثم حملوها على بعير وخرجوا بها إلى قوم زوجها، وقد منعوها الطعام والشراب أياماً متتاليات، حتى فقدت سمعها، فلم تعد تسمع شيئاً مما يدور حولها. وعندما أجهدها العطش، أكرمها الله الكريم بدلو ماء تدلى لها من السماء، شربت منه ثلاثا حتى رويت، وصبت منه على وجهها وجسدها حتى انتعشت.

ولما تفقدها آسروها، أنكروا ما هي عليه من ريّ وانتعاش واتهموها بفك قيدها وشرب مائهم، فلما حدثتهم بحديثها أنكروه، وعندما تفقدوا ماءهم ووجدوه على حاله لم يمس قالوا لها: إن دينك خير من ديننا، وأسلموا وأنابوا، وقدموا على رسول الله صلى الله عليه وسلم بالمدينة مسلمين، وكان زوجها أبو العكر قد مات، وغدت أم شريك بلا زوج، فلما قدمت على رسول الله صلى الله عليه وسلم وكانت قد أسنت، قالت له: يا رسول الله إني أهب نفسي لك، وأتصدق بها عليك.

قال رسول الله صلى الله عليه وسلم : قد قبلت. وبسبب ما أقدمت عليه من عرض نفسها على رسول الله صلى الله عليه وسلم ليتزوجها، لقبت: بالواهبة، أي التي وهبت نفسها لرسول الله صلى الله عليه وسلم .

ولأن أم شريك، المرأة الواهبة، وهي أيضاً الملقبة بصاحبة الدلو. رضي الله عنها وأرضاها.

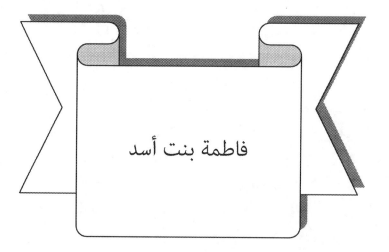

فاطمة بنت أسد

هي فاطمة بنت أسد بن هاشم بن عبد مناف، تزوجت ابن عمها أبا طالب بن عبد المطلب بن هاشم، فولدت له: علي بن أبي طالب وجعفر بن أبي طالب وعقيل بن أبي طالب وابنها البكر طالب بن أبي طالب، ومن النساء ولدت له أم هانئ بنت أبي طالب، وجمانة بنت أبي طالب، وريطة بنت أبي طالب.

وعندما توفي عبد المطلب أوصى ابنه أبا طالب برعاية حفيده محمد، فعاش محمد في كنف عمه أبي طالب، وتحت رعاية زوجه فاطمة بنت أسد، فكانت له نِعْمَ الراعية، فقد قامت في رعايته مقام أمه وأحسنت القيام، فقد ورد أن رسول الله صلى الله عليه وسلم قال في حقها: كانت أمي بعد أمي. وعندما نزل الوحي على رسول الله صلى الله عليه وسلم ودعا أهل بيته وعشيرته إلى الإسلام، بادرت فاطمة بنت أسد فأسلمت، وشجعت أولادها على الإسلام، وعندما هاجر المسلمون إلى المدينة هاجرت إليها، وسكنتها، وكان رسول الله صلى الله عليه وسلم يعرف لها حقها، ويزورها في بيتها ويكرمها.

كانت فاطمة بنت أسد ملتزمة بإسلامها، عاملة له ولكن بصمت، وبصبر، دفعت ابنها عليا ليخطب لنفسه فاطمة الزهراء، فخطبها وتزوجها، فكانت فرحتها بذلك عظيمة، وعملت ما وسعها العمل على إسعاد هذا البيت الناشئ، وعندما دعاها ابنها علي لتقاسم فاطمة العمل استجابت لذلك دون تردد.

وماتت فاطمة بنت أسد في حياة الرسول صلى الله عليه وسلم وعند غسلها صب الرسول صلى الله عليه وسلم عليها الماء فيه الكافور بيده، وكفنها عليه الصلاة والسلام بقميصه، وألبسها القميص بيده الشريفة، وصلى عليها الرسول صلى الله عليه وسلم وكبر عليها أربعاً، وعندما حفروا لها القبر وبلغوا اللحد، حفر رسول الله صلى الله عليه وسلم بيده، وأخرج التراب بنفسه، وعندما فرغ من الحفر اضطجع فيه ودعا لها.

وعندما رأى الصحابة ما فعله رسول الله صلى الله عليه وسلم بفاطمة بنت أسد، قالوا: يا رسول الله، ما رأيناك صنعت بأحد ما صنعت بهذه، قال عليه الصلاة والسلام: إنه لم يكن بعد أبي طالب أعز منها، إنما ألبستها قميصي لتكسى من حلل الجنة.

هذه هي الصحابية الهاشمية المهاجرة، فاطمة بنت أسد بن هاشم، المؤمنة العاملة، أم أمير المؤمنين علي بن أبي طالب، والسيدة التي أحبت فاطمة الزهراء، فعملت على أن تكون زوجة لابنها، فلما تزوجت ساعدتها في مهنة بيتها، وبقيت عاملة لدينها إلى أن توفاها الله -عز وجل- فكافأها الرسول صلى الله عليه وسلم على أعمالها الطيبة بالدعاء لها، ثم بتكفينها بقميصه الشريف، رجاء أن تكسى من حلل الجنة.

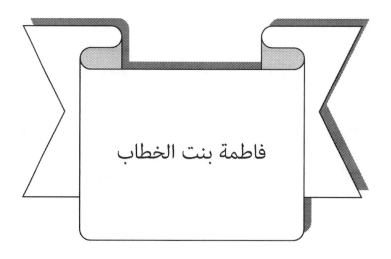

فاطمة بنت الخطاب

الخطاب هو ابن نفيل بن عبد العزى بن رباح العدوي، وفاطمة هي أخت عمر بن الخطاب، وأمها حنتمه بنت هاشم بن المغيرة المخزومي.

تزوجها سعيد بن زيد بن عمرو بن نفيل، وأسلمت هي وزوجها قبل عمر بن الخطاب، وقبل دخول رسول الله صلى الله عليه وسلم دار الأرقم، وولدت لسعيد بن زيد ابنه عبد الرحمن.

وكانت قصة إسلام عمر بن الخطاب مرتبطة بفاطمة وزوجها، فقد خرج يوما متوشحا بسيفه، يريد رسول الله صلى الله عليه وسلم ورهطا من أصحابه، فقد اجتمعوا في بيت عند الصفا، وهم قريب من أربعين بين رجال ونساء، ومع رسول الله صلى الله عليه وسلم عمه حمزة بن عبد المطلب وأبو بكر بن أبي قحافة وعلي بن أبي طالب، فلقيه نعيم بن عبد الله، فقال له: أين تريد يا عمر؟

فقال: أريد محمد هذا الصابئ[1] الذي فرق أمر قريش وسفه أحلامها، وعاب دينها، وسب آلهتها فأقتله فقال نعيم: و الله لقد غرتك نفسك يا عمر، أترى بني عبد مناف تاركيك تمشي على الأرض وقد قتلت محمداً؟ أفلا ترجع إلى أهل بيتك تقيم أمرهم؟ قال: وأي أهل بيتي؟ قال: ختنك[2] وابن عمك سعيد بن زيد بن عمرو، وأختك فاطمة، فقد و الله أسلما، وتبعا محمداً على دينه، فعليك بهما.

فرجع عمر مسرعا إلى أخته وزوجها، فوجد عندهما خباب بن الأرت يعلمهما القرآن الكريم، فلما سمع خباب صوت عمر فرّ منه مختبأ، فلما دخل قال: ما هذه الهمهمة[3] التي سمعت ؟ قالا له ؟ ما سمعت شيئاً، قال: بلى و الله لقد أخبرت أنكما اتبعتما محمداً على دينه، وبطش بسعيد بن زيد، فحاولت فاطمة أن تبعده عن زوجها، فضربها فشجها، عند ذلك قالت له أخته: نعم قد أسلمنا وآمنا بالله ورسوله، فاصنع ما بدا لك.

(١) الصابئ: الخارج من دين إلى دين.
(٢) أي أمين سرك.
(٣) الهمهمة: الكلام غير الواضح.

فلما رأى عمر ما بأخته من الدم، ندم على فعله، وقال لها: اعطني هذه الصحيفة التي سمعتكم تقرؤون آنفا، انظر ما هذا الذي جاء به محمد.

فقالت له فاطمة: إنا نخشاك عليها.

قال: لا تخافي وحلف لها بآلهته ليردنها إذا قرأها، فطمعت في إسلامه.

فقالت له: يا أخي إنك نجس على شركك، وإنه لا يمسه إلا المطهرون، فقام عمر فاغتسل، فأعطته الصحيفة، وفيها (طه)، فقرأها، فلما قرأ منها صدراً قال: ما احسن هذا الكلام وأكرمه.

فلما سمع ذلك خباب (الذي كان يعلمهما القرآن، فاختبأ حين دخل عمر) خرج إليه وقال: و الله يا عمر، إني لأرجو أن يكون الله قد خصك بدعوة نبيه، فإني سمعته أمس وهو يقول: " اللهم أيد الإسلام بأبي الحكم ابن هشام أو بعمر بن الخطاب".

فقال عمر: فدلني يا خباب على محمد حتى آتيه مسلما.

فقال له خباب: هو في بيت عند الصفا مع نفر من أصحابه، فأخذ عمر سيفه، فتوشحه ثم عمد إلى رسول الله صلى الله عليه وسلم وأصحابه فضرب عليهم الباب، وقام رجل من أصحاب الرسول صلى الله عليه وسلم فنظر من فرجة من الباب فرآه متوشحاً بالسيف، فرجع إلى الرسول عليه الصلاة والسلام فأخبره بما رأى، فقال حمزة بن عبد المطلب: تأذن له فإن كان يريد خيراً بذلناه له، وإن كان يريد شراً قتلناه بسيفه.

فقال رسول الله صلى الله عليه وسلم : أذنت له: ونهض إليه حتى لقيه، فأخذ يجمع رداءه، ثم جذبه جذبةً شديدة، وقال: ما جاء بك يا ابن الخطاب ؟ فو الله ما أرى أن تنتهي حتى ينزل الله بك قارعة.

فقال عمر: يا رسول الله، جئتك لأومن بالله ورسوله وبما جاء من عند الله. هذه قصة إسلام عمر بن الخطاب -رضي الله عنه -.

وروي عن فاطمة بنت الخطاب أنها سمعت رسول الله صلى الله عليه وسلم يقول: " لا تزال أمتي بخير ما لم يظهر حب الدنيا، في علماء فساق، وقراء جهال، وجبابره، فإذا ظهرت خشيت أن يعمهم الله العقاب ".

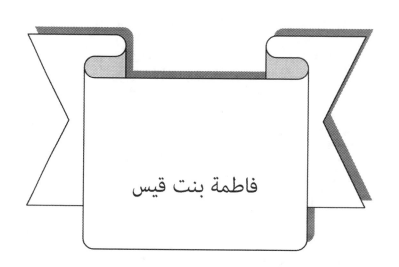

فاطمة بنت قيس

هي أخت الضحاك بن قيس، وأمها أميمة بنت ربيعة، تزوجها أبو عمر ابن حفص بن المغيرة المخزومي، ثم طلقها البتة، وهو غائب، فأرسل إليها وكيله عياش بن أبي ربيعة بشعير، فتسخطه، فقال: و الله مالك علينا من شيء، فجاءت رسول الله صلى الله عليه وسلم   تشكوه، فقال لها: ليس لك عليه نفقة، وأمرها ان تعتد في بيت أم شريك، ثم قال: تلك المرأة يغشاها أصحابي، اعتدّي عند ابن أم مكتوم فإنه رجل أعمى تضعين ثيابك فإذا حللت فآذنيني.

قالت: فلما حللت، ذكرت له أن معاوية بن أبي سفيان، وأبا جهم بن حذيفه، خطباني، فقال رسول الله صلى الله عليه وسلم أما أبو جهم فلا يضع عصاه عن عاتقه، وأما معاوية فصعلوك، لا مال له، ولكن انكحي أسامة، فكرهته.

فقال: انكحي أسامة، فنكحته، فجعل الله فيه خيراً واغتبط به.

وروي انه لما حل أجلها، خطبها معاوية وأبو جهم وأسامة، فقال رسول الله صلى الله عليه وسلم : "أما معاوية فعائل، لا مال له، وأما أبو جهم فلا يضع عصاه عن عاتقه، أين أنتم من أسامة"؟

فكأن أهلها كرهوا ذلك، فقالت: لا أنكح إلا الذي قال عنه رسول الله صلى الله عليه وسلم . ويقال أنها كانت أكبر من الضحاك بعشر سنين وكانت من المهاجرات الأوائل، وكانت ذات جمال وعقل وكمال، وفي بيتها اجتمع أصحاب الشورى عندما قتل عمر بن الخطاب -رضي الله عنه - وخطبوا خطبتهم المأثورة.

وروى عنها جماعة منهم- الشعبي والنخعي وأبو سلمة.

رحم الله الصحابية الجليلة، المؤمنة المهاجرة، العالمة المحدثة، التي عرف لها كبار الصحابة مقامها، فاختاروا بيتها لمشورتهم في أعظم أمر يهم المسلمين وهو أمر الخلافة.

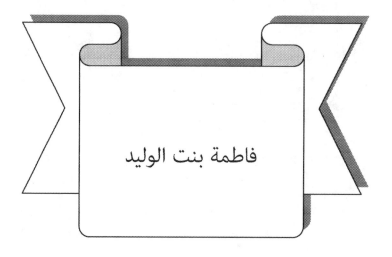

فاطمة بنت الوليد

هي فاطمة بنت الوليد بن المغيرة المخزومي، وكان الوليد يلقب بالوحيد وبريحانة قريش وكان من أكابر قريش وأكثرهم مالاً وولداً، وقد عاند وكابر ولم يسلم ومات كافراً. ولأن الـلـه يخرج الحي من الميت فقد اسلم من أبنائـه: خالد بن الوليد والوليـد ابن الوليد وفاطمة بنت الوليد.

تزوجت فاطمة بنت الوليد ابن عمها الحارث بن هشام المخزومي وكان سيدا من سادات قريش ومن المقربين الى قلوب الناس، ولم يسلم الحارث ولا امرأته فاطمة وبقيا معاندين حتى فتح الـلـه مكة على رسوله، فأسلمت فاطمة، وبايعت رسول الـلـه صلى الـلـه عليه وسلم وأسلم زوجها وقد شهد المحدثون والمؤرخون وأهل السير بحسن إسلام الحارث وفاطمة وقد خرج الحارث بأهله الى الشام مجاهدا وبقي في جهاده إلى أن استشهد.

وولد لفاطمة بنت المغيرة من زوجها الحارث بن هشام هما: مولودان عبد الرحمن وأم حكيم، وكان يقال لعبد الرحمن - الشريد.

وكانت فاطمة مقربة إلى أخيها خالد بن الوليد سيف الـلـه المسلول وكانت موضع استشارته يستشيرها فيما يطرأ من أمـور، وبخاصة ما كان يتعلق بالأمور الأسرية.

تـزوج عكرمة بن أبي جهل من ابنة فاطمة، أم حكيم بنت الحارث بن هشام، وبعد استشهاده تزوجها خالد بن سعيد بن العاص، ثم تزوجها عمر بن الخطاب فولدت له فاطمة بنت عمر. أما عبد الرحمن بن الحارث فقد تزوج فاختة بنت سهيل بن عمرو التي كانت تدعى الشريده، فقد روي عن عمر بن الخطاب أنه قال زوجوا الشريد الشريدة لعل الـلـه أن ينشر منهما خيراً.

كانت فاطمة حسنة الإسلام، حريصة على أن تلتزم بمبادئه وبخاصة ما سمعته منها من رسول الـلـه صلى الـلـه عليه وسلم فقد كانت وهي بالشام تلبس ثياب الخز وتلبس فوقها الإزار، فلما سألها نساء المسلمين: ألا يغنيك لبس الثياب عن لبس الإزار، قالت: سمعت رسول الـلـه صلى الـلـه عليه وسلم يأمر بالإزار. وهذه الإشارة من فاطمة تعني شيئاً واحداً وهو حرصها الشديد على طاعة رسول الـلـه صلى الـلـه عليه وسلم ، فما دامت سمعته بنفسها يأمر بلبس الإزار، فإنها متمسكة بذلك، رغم أنها تلبس من الثياب ما يغني عن الإزار.

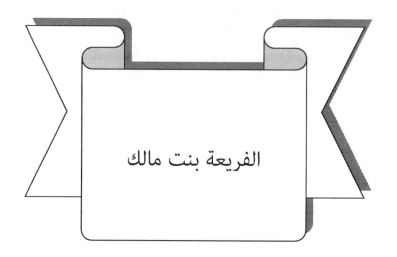

الفريعة بنت مالك

الفريعة بنت مالك بن سنان الخدري، صحابية جليلة من المسلمات المبايعات، أخوها أبو سعيد الخدري أحد كبار الصحابة المشهورين، أمها أنيسة بنت أبي خارجة الخزرجية الأنصارية، وأخوها لأمها قتادة بن النعمان الصحابي المشهور الذي سالت عينه على خده في معركة أحد، فردها رسول الله صلى الله عليه وسلم بيده الشريفة، فعادت كما كانت، وغدت افضل عينيه، وكانت الفريعة حريصة على الخروج مع رسول الله صلى الله عليه وسلم في غزواته ونالت في هذا الخروج خيراً كثيراً وأعظم ما نالته مبايعتها الرسول صلى الله عليه وسلم تحت الشجرة بيعة الرضوان.

تزوجت الفريعة من سهل بن رافع من بني الحارث من الخزرج من الأنصار، كان له عدد من العبيد، فهربوا منه، فخرج يطلبهم في مكان يقال له طرف القدوم، فأبوا أن يعودوا واعتدوا عليه فقتلوه. ولم يكن لزوجها مسكن ولم يكن لديه ما ينفق عليها، ولم يكن قد رزق منها بالولد، فذهبت إلى رسول الله صلى الله عليه وسلم فطلبت منه ان يأذن لها لتلحق باخوتها ودارها فأذن لها رسول الله صلى الله عليه وسلم بذلك.

قالت الفريعة: فانصرفت اريد الخروج، فلما كنت في وسط الحجرة دعاني رسول الله صلى الله عليه وسلم وامرني أن أعيد عليه قولي، فلما أعدت عليه قولي أمرني ألا أغادر مسكني الذي أتاني فيه موت زوجي حتى يبلغ الكتاب أجله.

وأطاعت الفريعة أمر رسول الله صلى الله عليه وسلم واعتدت في البيت الذي أتاها فيه نبأ موت زوجها. وكانت سُنّة رسولنا الكريم في لزوم المرأة التي يتوفى عنها زوجها البيت الذي بلغها فيه نبأ موته وقد عرفت عن طريق الفريعة التي قيل لها بعد ذلك المعتدَّة.

وفي خلافة ذي النورين عثمان بن عفان (رضي الله عنه) عرضت عليه امرأة توفي عنها زوجها، ورغبت في الانتقال إلى بيت أهلها لتعتد فيه، فأذن لها، فذكر له بعض الصحابة قصة الفريعة، فاستدعاها إليه وسألها عن قول رسول الله لها، فأخبرته أنه أمرها ان تلتزم البيت الذي جاءها فيه موت زوجها حتى يبلغ الكتاب أجله(أي حتى تنقضي عدتها) فأرسل عثمان إلى المرأة التي توفي عنها زوجها، فأمرها ألا تبرح بيتها حتى يبلغ الكتاب أجله. ومضت سنة المعتدة المتزوجة مرتبطة بهذه الصحابية الجليلة، الفريعة بنت مالك الخدري رضي الله عنها وأرضاها.

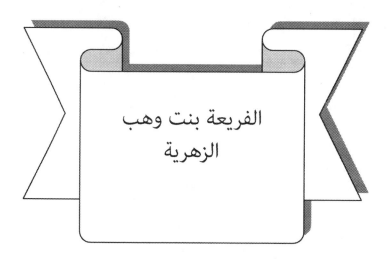

الفريعة بنت وهب
الزهرية

زهرة بن كلاب هو أخو مضي بن كلاب، ومضي هو مجمع قريش وباقي أمجادها، ولد زهرة ابنة مناف، وولد عبد مناف ابنة وهب، وولد وهب ابنة آمنة أم رسول الـله.

ولآمنة أخت اسمها (الفريعة)، أسلمت وهاجرت إلى المدينة ويروى ان رسول الـله صلى الـله عليه وسلم رفعها بيده الشريفة وقال لمن حوله:" من أراد أن ينظر الى خالة رسول الـله فلينظر إلى هذه ".

لقد كانت الفريعة بنت وهب خالة الرسول نسبا، ولما رفعها وافتخر بها صارت خالته لقبا، وذلك تشريف لها، افتخار رسول الـله صلى الـله عليه وسلم بها يدل على أنها كانت أهلاً لذلك، فكان الناس إذا أشاروا إليها قالوا: هذه خالة رسول الـله، تكريما لها وتعظيما لشأنها.

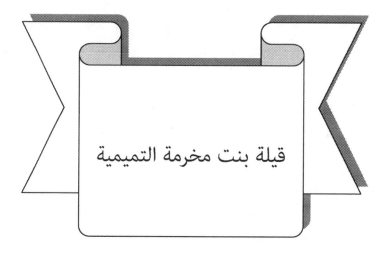

قيلة بنت مخرمة التميمية

قيلة سيدة من بني تميم، بليغة فصيحة اللسان، جاءتها البلاغة والفصاحة من أمها صفية بنت صيفي أخت اكثم بن صيفي حكيم العرب في الجاهلية.

تزوجت قيلة من حبيب بن أزهر، فولدت له عدداً من البنات، ثم توفي عنها، فجاء أخوه أثوب بن أزهر فانتزع البنات منها، ولم يجد توسلها إليه في إعادة بناتها إليها.

خرجت قيلة مهاجرة إلى رسول الله صلى الله عليه وسلم فنزلت في طريقها عند أخت لها متزوجة في بني شيبان، وطلبت من زوج أختها أن يطلب لها صحبة تسير معهم إلى رسول الله صلى الله عليه وسلم .

فاهتدت إلى صاحب صدوق هو حريب بن حسان الشيباني، وقد كان حريب متوجها إلى المدينة ليبايع رسول الله صلى الله عليه وسلم على الإسلام في وفد من قومه، فلما عرضت عليه أن تصاحبه قال لها: نعم وكرامة.

ووصل ركب حريب بن حسان ومعه قيلة إلى مسجد رسول الله صلى الله عليه وسلم في صلاة الفجر، تقول قيلة: قدمنا على رسول الله صلى الله عليه وسلم وهو يصلي بالناس صلاة الغداة، قد أقيمت حين شق الفجر، والنجوم شابكة في السماء، والرجال لا تكاد تعارف مع ظلمة الليل.

وبعد انصراف الناس من صلاتهم خلف رسول الله صلى الله عليه وسلم تقدم حريب فسلم على رسول الله صلى الله عليه وسلم وتقدمت قيلة فجلست غير بعيد من رسول الله صلى الله عليه وسلم تقول قيلة: فلما رأيت رسول الله صلى الله عليه وسلم أرعدت من الفرق، فقال أحد جلساء الرسول: يا رسول الله، أرعدت المسكينة.

فأشار رسول الله صلى الله عليه وسلم بيده، ولم ينظر إلي، وأنا جالسة عند ظهره أو قال: يا مسكينة عليك السكينة، فلما قالها أذهب الله ما كان في قلبي من الرعب، وتقدم صاحبي حريب فبايعه على الإسلام وعلى قومه.

ثم قال: يا رسول الله، اكتب بيننا وبين بني تميم بالدهناء، لا يجاوزنها إلينا، إلا مسافرا أو مجاوزاً.

فقال عليه الصلاة والسلام: اكتب له يا غلام بالدهناء.

قالت قيلة: فلما رأيته قد أمر له بها، شخص بي وهي وطني وداري.

فقلت: يا رسول الله إنه لم يسألك السوية من الأرض، إذ سألك، إنما هي السعناء، مقيد الجمل، ومرعى الغنم ونساء بني تميم وأبناؤها وراء ذلك.

فقال عليه الصلاة والسلام، أمسك يا غلام، صدقت المسكينة، المسلم أخو المسلم، يسعهما الماء والشجر.

ولما رأى جريب أنه قد حيل دون كتابه، ضرب بيديه أحدهما على الأخرى، ثم قال: كنت أنا دانت كما قيل: حتفها بظلفها يحترصان !

فقلت: أنا و الله ما علمت، إن كنت لنا ليلاً في الظلماء، جواداً أيدي الرجال، عفيفا عن الرفيقة، حتى قدمنا على رسول الله صلى الله عليه وسلم ولكن لا تلمني أن أسأل حظي إذا سألت حظك !

فقال: وما حظك في الدهناء ولا أبا لك!

فقلت: مقيد جملي تسأله الجمل امرأتك.

فقال: لا جرم أشهد رسول الله صلى الله عليه وسلم أني لك لا أزال أخا ما حييت، إذا أثنيت علي بما أثنيت عند رسول الله صلى الله عليه وسلم .

فقلت: أما إذ بدأتها – فلن أضيعها (تعني الأخوة).

وسر رسول الله صلى الله عليه وسلم بما رأى من فصاحة قيلة- ومن وفائها لنساء قومها، فأمر أن يكتب لها في قطعة أديم أحمر.

بأن لا يظلمن حقا.

ولا يكرهن على منكر.

وكل مؤمن مسلم لهن نصير حسن.

لقد كانت فصاحة هذه المرأة دليلاً على بلوغ هدفها كما أنها دليل على كرم الرسول وعطفه اللا محدود على النساء، ودليل آخر على أن الرسول كان يعجب بفصاحة الرجال والنساء على حد سواء.

وكم من كلام اوحديث قاله صاحبه فأدى إلى مقتله، وكم حديث قاله صاحبه فحظي بمكرمة من الذي توجه به إليه.

وهذا ما فعلته هذه المرأة. لقد أحسنت وأجادت، لقد وصلت إلى هدفها ومبتغاها، لقد أكبرت في الرسول هذا الإكبار، فعليك الرحمة يا قيلة، وعليك الرحمة يا بنت مخرمة لقد صدقت ونلت.

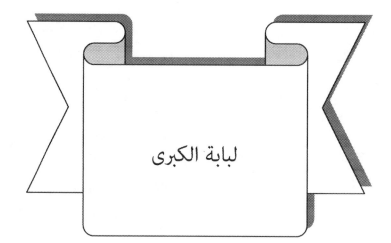

لبابة الكبرى

هي أم الفضل امرأة العباس بن عبد المطلب، ابنة الحارث الهلالية، وأمها هند، وهي خولة بنت عوف، ينتهي نسبها إلى جَرش.

وكانت أم الفضل أول امرأة أسلمت بمكة (بعد خديجة بنت خويلد رضي الله عنها) وكان رسول الله صلى الله عليه وسلم يزورها ويقيل في بيتها.

روي عن بن عباس عن النبي صلى الله عليه وسلم أنه قال: "الأخوات الأربع مؤمنات: أم الفضل وميمونة وأسماء وسلمى".

فأما ميمونة فهي أم المؤمنين، وهي شقيقة أم الفضل، وأما أسماء وسلمى فأختاها من أبيها، وهما بنتا عميس الخثعمية.

وقد تزوج العباس بن عبد المطلب أم الفضل، فولدت له: الفضل وعبد الله، وعبيد الله، ومعبدا، وقثم، وعبد الرحمن، وأم حبيب، لذلك تعد من المنجبات.

وهاجرت أم الفضل إلى المدينة بعد إسلام العباس بن عبد المطلب قالت أم الفضل: يا رسول الله رأيت فيما يرى النائم كأن عضواً من أعضائك في بيتي، قال: خيراً رأيت، تلد فاطمة غلاماً وترضعيه بلبان ابنك قثم، فولدت الحسين، فكفلته أم الفضل.

قالت: فأتيت به رسول الله صلى الله عليه وسلم فهو ينزيه ويقبله إذ بال على رسول الله صلى الله عليه وسلم

فقال: يا أم الفضل امسكي ابني فقد بال عليّ.

قالت: فأخذته فقرصته قرصة بكى منها.

وقلت: آذيت رسول الله، بلت عليه، فلما بكى الصبي.

قال: يا أم الفضل، آذيتني في بني أبكيته، ثم دعا بماء فحدره عليه.

ثم قال: إذا كان غلاما فاحدروه حدراً، وإذا كان جارية فاغسلوه غسلاً".

وفي رواية أخرى: بعد أن بال الصبي على ثوب رسول الله صلى الله عليه وسلم قالت له أم الفضل: اخلع إزارك والبس ثوبا غيره كيما أغسله، فقال النبي صلى الله عليه وسلم :"إنما ينضح بول الغلام، ويغسل بول الجارية".

وفي الصحيح أن الناس شكّوا في صيام النبي صلى الله عليه وسلم يوم عرفة، فأرسلت إليه أم الفضل بقدح لبن، فشرب وهو بالموقف، فعرفوا أنه لم يكن صائماً.

وكان يقال لوالدة أم الفضل، العجوز الجرشية، أكرم الناس أصهارا، ابنتها ميمونة زوج النبي صلى الله عليه وسلم وابنتها لبابة الكبرى(أم الفضل) زوج العباس، وابنتها أسماء تزوجها جعفر بن أبي طالب، ثم تزوجها بعده أبو بكر الصديق، ثم تزوجها بعده علي.

خرجوا لأم الفضل في الكتب الستة، ولها في مسند ابن مخلد ثلاثون حديثاً، واتفق البخاري ومسلم لها على حديث واحد وآخر عند البخاري وثالث عند مسلم.

وقد حدث عنها ولداها: عبد الله، وتمام، وكذلك انس بن مالك وعبد الله بن الحارث، وغيرهم، ويرجح ان وفاتها رضي الله عنها كانت في خلافة عثمان -رضي الله عنه-.

يرجح بأن أم الفضل قد توفت في خلافة عثمان بن عفان رضي الله عنه.

هذا نموذج آخر من نماذج المسلمات الأول وهذا طيف كريم من أطياف النساء المسلمات وهذا عنوان كبير لكل امرأة تريد أن تحتذي حذو نساء كريمات طاهرات مؤمنات، فما هو مطلوب من نساء اليوم إلا أن يصبرن ويصابرن ويضعن نصب أعينهن النساء المسلمات الأوائل اللواتي كن خير أمين لهذا الدين وخير حريص على نشر تعاليمه.

رحم الله أم الفضل رحمة واسعة.

ورحم معها كل نساء المسلمين الطاهرات قدامى ومتأخرات فقد كانت للرسول ولأحفاده خير مكرم وخير موضع.

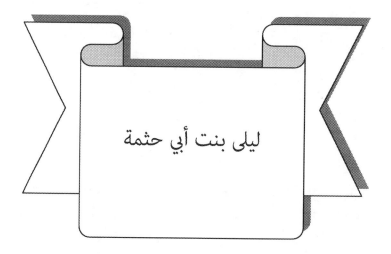

ليلى بنت أبي حثمة

من أقدم النساء إسلاماً في مكة ليلى بنت أبي حثمة العدوية، فقد أسلمت مع زوجها عامر بن ربيعة العنزي حليف الخطاب بن نفيل العدوي، والد عمر بن الخطاب، وبسبب اشتداد الأذى الواقع على من أسلم في مكة، فقد أذن رسول الـلـه صلى الـلـه عليه وسلم للمسلمين المستضعفين بالهجرة إلى الحبشة.

وهاجرت ليلى مع زوجها إلى الحبشة مرتين، وعادت إلى مكة عندما أشيع أن أهلها أسلموا، وانتهت المعاناة فيها لمن أسلم.

روت ليلى بنت أبي حثمه حادثة عمر بن الخطاب، قالت: و الـلـه إنا لنرتحل إلى أرض الحبشة، وقد ذهب زوجي عامر بن ربيعة في بعض حاجاتـك، اذ أقبل عمر بن الخطاب، وكان أشد الناس على من أسلم حتى وقف عندي وقال: إنه للانطلاق يا أم عبد الـلـه ؟

فقلت: نعم و الـلـه لنخرجن في أرض الـلـه حتى يجعل الـلـه لنا مخرجا.

فقال عمر: صحبكم الـلـه !

قالت ليلى: ورأيت له رقة لم أكن أراها فيه من قبل، فطمعت في إسلامه.

ولما جاء زوجي قلت له: يا أبا عبد الـلـه لو رأيت عمر آنفاً ورقته وحزنه علينا.

فقال لما أخبرته خبره: ترجين أن يسلم.

وكانت نظرة ليلى أقرب إلى الصواب – فما لبث عمر أن اسلم – عزّ به الإسلام.

وعندما عادت ليلى من الحبشة، وجدت حال المسلمين على ما هو، وحال المشركين يزداد قسوة، فمكثت إلى أن أذن الـلـه بالهجرة إلى المدينة فكانت أول من ترحل من مكة وأول امرأة وصلت مهاجرة إلى المدينة.

هذه هي الصحابية الجليلة، ليلى بنت أبي حثمه، صاحبة الهجرتين إلى الحبشة، والهجرة الى المدينة، وأول المسلمات المهاجرات وصولاً إلى المدينة.

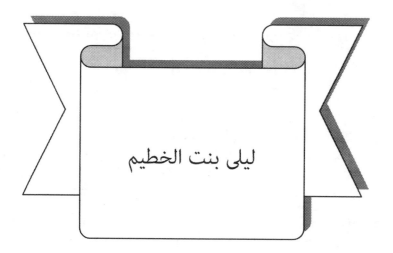

ليلى بنت الخطيم

ليلى بنت الخطيم الأنصارية، أخت قيس بن الخطيم الفارس الشاعر ذائع الصيت، لقي قيس رسول الله صلى الله عليه وسلم بمكة، فدعاه الرسول إلى الإسلام، فلم يرفض ولم يقبل، واستنظر الرسول حتى ينظر في أمره، فمات قبل أن يسلم، وكانت زوجته حواء بنت يزيد بن السكن أول نساء المدينة إسلاماً.

أسلمت ليلى بنت الخطيم، وعندما اجتمعت نساء الأنصار للمبايعة، كانت ليلى امرأة برزة، جريئة، في خلقها حدة، أقبلت على رسول الله صلى الله عليه وسلم وهو مول ظهره إلى الشمس، فضربت على كتفه بيدها، فقال: من هذا أكلة الأسد؟!

قالت: أنا ابنة مطعم الطير ومباري الرمح أنا ليلى بنت الخطيم جئتك لأعرض عليك نفسي فتزوجني يا رسول الله.

قال عليه الصلاة والسلام: قد فعلت، ارجعي حتى يأتيك أمري ورجعت ليلى إلى قومها فرحة مسرورة فقالت لهم: قد تزوجني رسول الله، فقال لها قومها: بئس ما صنعت ! إنك امرأة غيرى وليس لك صبر على الغرائر، وقد أحل الله لرسوله أن ينكح ما شاء من النساء، فسوف تغارين عليه، فيدعو الله عليك، فاستقيليه نفسك.

فرجعت إلى رسول الله صلى الله عليه وسلم فقالت له: يا رسول الله إن الله قد أحل لك النساء، وأنا امرأة طويلة اللسان، ولا صبر لي على الضرائر، فأقلني.

فقال لها رسول الله صلى الله عليه وسلم : قد أقلتك.

وتزوجها مسعود بن أوس، فولدت له، وبينما هي في حائط من حيطان المدينة (أي بستان من بساتينها) تغسل إذ وثب عليها ذئب فافترسها فماتت.

وكان من عادة العرب أن يطلقوا على كل حيوان مفترس اسم الأسد، والحيوانات المفترسة عندهم هي أسود البوادي، وافترس أسد من أسود البوادي ليلى بنت الخطيم، فماتت وطوى التراب جسدها، وسجل التاريخ اسمها، وعرفها الناس بلقبها أكلة الأسد.

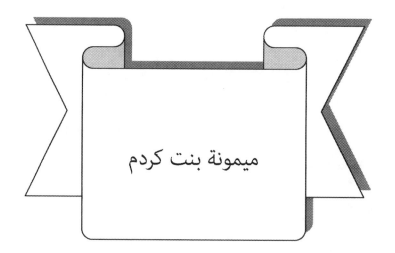

ميمونة بنت كردم

هي مولاة يزيد بن مقسم، قالت ميمونة: رأيت رسول الـلـه صلى الـلـه عليه وسلم بمكة، وهو على ناقة له، وأنا مع أبي، وبيد رسول الـلـه درة [1] كدرة الكتاب، فسمعت الأعراب والناس يقولون: الطمطمية الطمطمية، فدنا منه أبي فأخذ بقدميه، فأقر له رسول الـلـه صلى الـلـه عليه وسلم فما نسيت طول إصبع قدمه السبابة على سائر أصابعه فقال له أبي:

إني شهدت جيش عثـران، مفرق رسول الـلـه صلى الـلـه عليه وسلم ذلك الجيش. فقال طارق بن المرقع: من يعطني رمحا بثوابه؟ فقال له أبي: فما ثوابه ؟ قال: أزوجه أول بنت تكون لي فأعطاه رمحه، ثم تركه حتى ولدت له ابنة وبلغت، فأتاه فقال له: جهز لي أهلي قال: لا و الـلـه، لا أجهزها حتى تحدد لي صداقا غير ذلك.

فحلف أبي ألا يفعل. فقال رسول الـلـه صلى الـلـه عليه وسلم : ويقرن أي النساء هي ؟

قال والدها: قد رأت القتير[2]

فقال رسول الـلـه صلى الـلـه عليه وسلم لأبي: دعها عنك. لا خير لك فيها ؟

قال والدي: فراعني ذلك، ونظرت إليه، فقال رسول الـلـه صلى الـلـه عليه وسلم : لا تأثم ولا يأثم صاحبك.

فقال له أبي في ذلك المقام، إني قد نذرت أن أذبح عدة من الغنم على رأس بوانة[3].

فقال رسول الـلـه صلى الـلـه عليه وسلم : هل عليها من هذه الأوثان شيء؟

قال: لا، قال رسول الـلـه صلى الـلـه عليه وسلم : فأوف الـلـه بما نذرت به.

فجمعها أبي، فجعل ينحرها، فانفلتت منه شاة فطلبها وهو يقول: اللهم أوف عني نذري حتى آخذها فذبحها.

---

(١) درة: سوط.
(٢) المشيب.
(٣) بوانة: هضبة وراء ينجع فيها كما يبدو وثن.

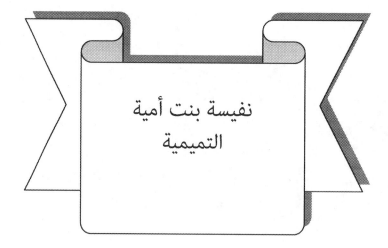

نفيسة بنت أمية
التميمية

أبوها امية بن أبي عبيد التميمي حليف الحارث بن نوفل بن عبد مناف. أمها منية بنت جابر- أخت غزوان بن جابر- والد الصحابي الأمير عتبة بن غزوان. فتكون منية عمة عتبة، ويكون عتبة ابن خال نفيسة.

ونسبت نفيسة إلى أمها فقيل لها نفيسة بنت منية. وبهذا الاسم عرفت واشتهرت. ونفيسة أخت الصحابي المشهور يعلى بن أمية الذي نسب إلى أمه أيضاً فقيل له يعلى بن منية- وقد كان يعلى من كبار الصحابة. أمّره أبو بكر على حلوان – وأمّره عمر على نجران – وأمّره عثمان على صنعاء – فهو أحد الصحابة الأمراء، وقد كان مقربا من الخلفاء الأربعة، وقاتل مع علي بن أبي طالب في معركة صفين.

ويذكر أن منية جابر كانت إحدى زوجات خويلد بن عبد العزى قبل أن يتزوجها أمية بن أبي عبيد، فولدت لخويلد ابنه العوام بن خويلد أخو خديجة بنت خويلد، ووالد الزبير بن العوام. ولهذا كانت منية قريبة من خديجة، وكانت نفيسة مقربة منها وعندما اختارت خديجة بنت خويلد محمد بن عبد الله لتجارتها، وذلك لما عرف من أمانته وأخلاقه، فخرج رسول الله صلى الله عليه وسلم بتجارتها إلى الشام مع غلامها ميسرة، وعندما عاد محمد بتجارة خديجة كان عائدا بتجارة رابحة، وكان عائداً بإعجاب ميسرة وانبهاره بما شاهد من علامات نبوة محمد.

وقص ميسرة على خديجة ما شاهده من هذه العلامات فطمعت خديجة أن تكون زوجة محمد، وطمعت أن تكون سيدة البيت النبوي، فأرسلت إليه نفيسة بنت منية لتعرف رأيه في الزواج بها، وذهبت نفيسة إلى محمد تعرض له خديجة، فوجدت عنده قبولا ورضا، فذهبت تبشر خديجة بذلك، وما أسرع ما عادت نفيسة برسالة خديجة إلى محمد: يا ابن عم، إني قد رغبت فيك لقرابتك وصدقك في قومك، وأمانتك وحسن خلقك، وصدق حديثك، ووجدت نفيسة إقبالاً من محمد قبولاً وما زالت تسعى في زواجها حتى تزوجا، فسعدت بذلك الزواج، ومما زادها سعادة ما سمعته من بشائر الوحي في بيت خديجة- فما أسرع ما استجابت لدعوة الإسلام. فأسلمت وعاشت مع هذه الأسرة حتى حملت أعظم الأعباء طراً عبء الدعوة إلى الله بين الناس جميعاً. كانت نفيسة خاطبة خديجة إلى رسول الله صلى الله عليه وسلم وكانت راعية أبنائهما..القاسم والطيب والطاهر ورقية وزينب وأم كلثوم وفاطمة.

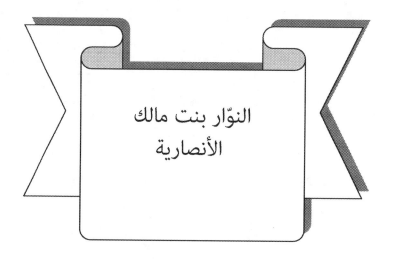

النوّار بنت مالك الأنصارية

النوار بنت مالك من بني النجار من الأنصار تزوجها ثابت بن الضحاك النجاري، فولدت له زيداً ويزيد وقتل زوجها في حرب بعاث قبل الهجرة بخمس سنوات.

ابنها يزيد بن ثابت من كبار الصحابة، ومن حفظة القرآن الكريم، ومن كتاب الوحي، وعلماء الصحابة وهو الذي جمع القرآن على عهد أبي بكر. كان يقال له: الفرضي لعلمه بالفرائض. وابنها يزيد بن ثابت من الصحابة المجاهدين استشهد في معركة اليمامة في حروب الردة.

تزوجها بعد ثابت عمارة بن حزم النجاري الأنصاري أحد كبار الصحابة، فهو عقبي بدري، أي شهد بيعة العقبة ومعركة بدر، وهما شهدا أهم المشاهد مع الرسول صلى الله عليه وسلم واستمر مجاهدا إلى أن استشهد باليمامة. كان للنوار اهتمام ببيوت العبادة حتى قبل أن تسلم فقد روت أنها زارت الكعبة قبل الإسلام، وشاهدت عليها مطارق خز خضراً وصفراً.

وعندما وصل الإسلام إلى المدينة كانت النوار من أول من استجاب للدعوة، فأسلمت وبايعت، والتحقت بركب الصحابيات، واهتمت بتنشئة ابنيها على الإسلام فكان زيد من كبار علماء الصحابة وكان يزيد مجاهداً.

والموقف المهم الذي ارتبط باسم هذه الصحابية هو نداء الصلاة عن مكان مرتفع في المدينة لينادوا من فوقه ويسمعوا من بالمدينة - فوجدوا أن بيت النوار القريب من مسجد رسول الله صلى الله عليه وسلم ولم يكن قد تم بناء المسجد بعد وهو أطول البيوت حول المسجد، فأمر رسول الله صلى الله عليه وسلم بلالاً أن يرقى بيت النوار وينادي للصلاة.

وكان أول نداء للصلاة بألفاظ الأذان يرفع من فوق بيت النوار فكان ذلك محل اعتزازها وفخرها، وبقي الأذان يرفع من فوق بيتها إلى أن تم بناء مسجد الرسول فانتقل بلال إليه ونادى من فوقه إلى الصلاة.

عاشت النوار أحداث الدعوة في ظل النبوة- فكانت بها سعيده، ولها مؤيدة. وقدمت ابنيها ليكونا من بناة صرح الإسلام العظيم، فكانا كما أرادت. وساهما في بناء دولة الإسلام.فكان زيدا عالما مجاهداً- وكان يزيد من رجال السيف، جاهد إلى جانب رسول الله صلى الله عليه وسلم وإلى جانب أبي بكر حتى استشهد باليمامة. وعندما ماتت النوار صلى عليها ابنها زيد بن ثابت.

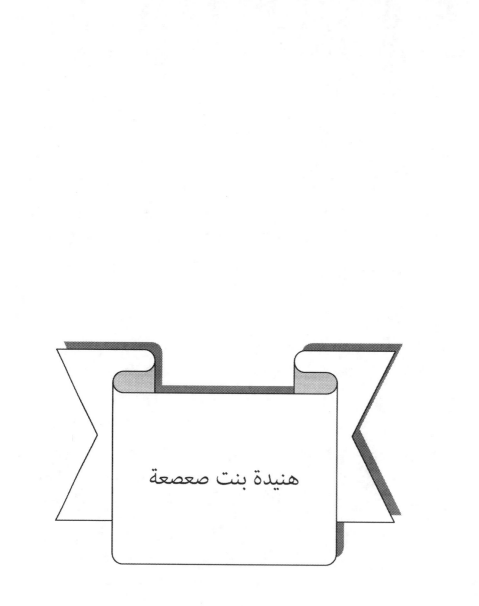

هنيدة بنت صعصعة

أبوها صعصعة بن ناجية سيد من سادات بني تميم وقد حاز شهرة عظيمة في الجاهلية بإحيائية المؤودات، فقد كان إذا ما سمع برجل هم يوئد ابنته، استحياها منه ورباها مع أهله وقد افتخر حفيده الفرزدق بعملـه فقال:

وجدي الذي منع الوائدات فلم توأد

وأخوها غالب بن صعصعة، سيد تميم في زمانه - وصاحب علي بن أبي طالب - وابن أخيها الفرزدق الشاعر المشهور وأحد أمراء الشعر في العصر الأموي بل وأحد أمراء الشعر العربي في تاريخه المديد.

وزوجها الزبرقان بن بدر، أحد سادة بني تميم وواحد من شعرائهم وكرمائهم، وفد على رسول اللـه صلى اللـه عليه وسلم مع وفد قومه فأسلم وأسلموا فولاه رسول اللـه صلى اللـه عليه وسلم صدقات بني تميم، وعندما ارتد الناس ثبت على الإسلام وأدى صدقات قومه إلى أبي بكر الصدق وكان يفخر بذلك في شعره.

وخالها الأقرع بن حابس التميمي، أحد السادة المشهورين في بني تميم. وفد على رسول اللـه صلى اللـه عليه وسلم مع قومه وأسلم وحضر فتح مكة ومعركة حنين وأعطاه الرسول صلى اللـه عليه وسلم من غنائم حنين مع المؤلفة قلوبهم من سادة القبائل العربية.

كانت هنيدة تفخر بأهلها وتقول: من جاءت بأربعة رجال يحل لها أن تضع عندهم خمارها بمثل أربعتي فلتفاخرني: أبي صعصعة بن ناجية، وأخي غالب بن صعصعة، وزوجي الزبرقان بن بدر، وخالي الأقرع بن حابس.

ولهذا كان يقال لها: ذات الخمار.

أدركت هنيدة الرسول صلى اللـه عليه وسلم ولم يثبت لها رؤيته، وإن كان احتمال رؤيتها وارد، فإن زوجها الزبرقان بن بدر من الصحابة.

المصادر والمراجع

١- القرآن الكريم.

٢- تفسير القرآن الكريم - ابن كثير.

٣- أسباب النزول- الواحدي النيسابوري.

٤- البرهان في علوم القرآن - الزركشي.

٥- الطبقات الكبرى - ابن سعد.

٦- البداية والنهاية - ابن كثير.

٧- الاستيعاب- ابن عبد البر.

٨- الإصابة - ابن حجر.

٩- أسد الغابة- ابن الأثير.

١٠- نساء النبي - د. عائشة عبد الرحمن.

١١- عائشة أم المؤمنين- د. عائشة عبد الرحمن.

١٢- السيرة النبوية- ابن هشام.

١٣- سير أعلام النبلاء- الذهبي.

١٤- الجامع لأحكام القرآن - القرطبي.

١٥- نساء حول النبي - نبيل الزين.

١٦- السنن الكبرى- البيهقي.

١٧- حلية الأولياء- أبو نعيم.

١٨- فتح الباري- ابن حجر.

١٩- إحياء علوم الدين - أبو حامد الغزالي.

٢٠- أعلام النساء- عمر رضا كحالة.

٢١- العقد الفريد - ابن عبد ربه.

٢٢- مروج الذهب- المسعودي.

٢٣- صبح الأعشى - القلقشندي.

٢٤- الأعلام- الزركلي.

٢٥- روضة العقلاء- ابن حبان.

٢٦- الدر المنثور في التفسير- السيوطي.

٢٧- سنن أبي داود- سليمان السجستاني.

فهرس